「ズボラ家計管理」トレーニング

1日1ステップ
実行するうちに
お金が貯まる！

あき 著

講談社

はじめに

「贅沢《ぜいたく》なんてしているつもりはないのに、お金がなくなるのはなぜ？」。家計を預かってからの約10年間、いつもそんな悩みをかかえていました。

私はズボラで面倒くさいことが大嫌い。うっかりしていて忘れものも多く、横着ですぐサボりたくなる性分です。そんな私なので、３人の子どもの育児と家事で日々精一杯！　雑誌に掲載されているような節約名人には到底なれず、長年「努力が足りないからお金が貯められない」と思っていました。

でも今は、基本さえ押さえておけば、節約名人にならなくても家計は管理できるようになりました。難しくないシンプルな仕組みを作れば、ズボラな私でも継続することができる！　これは大きな発見でした。

現在は、「今まで色々試してみたけどうまくいかない」と悩んでいる方の家計設計をお手伝いしています。「毎月赤字で貯金ゼロだったのに、数年で数百万円の貯金ができた」というお便りもたくさんいただくようになりました。

ただケチケチするのではなく、できる範囲で人生を豊かにすること、収入に合わせた支出を賢く選択できる力がつけられること、そんな〝一生もののやりくり力〟を身につけ、たくさんの夢が叶えられる家計のお手伝いを、本書を通じてできたなら、とてもうれしいです！

もくじ

はじめに 2
この本の使い方 8

第1週

「どうやってもお金が貯まらない！」を解決する第一歩

何にお金を使っていますか？

01 今日使ったお金を書き出してみよう 10
まずは1日にいくら使っているのか把握することが大切 12
02 「なくてもいい支出」をみつけよう 14
支出の中の「必要な支出」と「必要ではない支出」の区別がカギ 16
レシートはお金の行動パターンを知る情報の宝庫 18
03 「必要な支出」を分類してみよう 20
支出のパターンを把握すると、リアルに必要な生活費がいくらなのかがわかる 22
04 1日に必要なお金はいくらか意識しよう 24
「ダラダラ浪費さん」にこそ実践してほしい、必要なお金だけを使う生活 26
05 「娯楽費」を分類してみよう 28
「娯楽費」は適切なコントロールが必要な支出 30
06 「特別費」を分類してみよう 32
「普段の支出」と「特別な支出」を区別することが大切 34
07 1週間に必要なお金を意識してみよう 36
家計管理を成功させる秘訣は、週に使う予算を決めること 38
第1週のまとめ どの支出が多い!? 支出のタイプを診断してみましょう 40
コラム1 みんなの家の生活費は？ 42

第２週

家計の実情を把握する

08 全財産がいくらあるのかチェックしよう 44
きちんと把握することで、その後の家計管理がグンとラクになる 46

09 年間の収入はいくらになるか予測してみよう 48
意外と把握できていないのが、正しい年収 50

10 給与を全額引き出してみよう 52
給与を全額引き出してお金の実感を得てみよう 54

11 毎月必ず支払うお金はいくら？ 56
月の収入から固定費を引いた残金、それが「今月使えるお金の上限」です 58

12 1ヵ月に必要なお金はいくらか考えてみよう 60
毎月の生活にかかるお金を知ろう 62

13 毎月の支出の理想と現実を知ろう 64
「日」「週」「月」「年」と支払いサイクルを分けて考えるクセをつけよう 66

14 「貯金」と「特別費」は年間いくら確保できるのか確認しよう 68
「特別費」と「貯金」に使えるお金はいくら？ 70

第2週のまとめ　毎月定額制で、みるみる家計が安定する！ 72

コラム2　「先取り貯金」はお金を貯める近道なの？ 74

第3週

ズボラでもできる家計管理術を身につける

15 「使ってもいい貯金」と「使ってはいけない貯金」を分けてみよう 76
「使ってもいい貯金」と「使ってはいけない貯金」を分けよう 78

16 大きな支出のための予算をねん出しよう（特別費に備える） 80
まずは、家計の中の大きな支出を把握すること 82

17 クレジットカードでの支払いを整理しよう 84
カードの引き落とし先と枚数を整理せずして家計は安定しない 86

18 「別枠」になっている支出がないかチェックしよう 88
家計の「別枠」を作らない仕組みを整えよう 90

19 小遣いと生活費は分けて考えよう 92
小遣いを別財布にすると家計管理は安定する!? 94

20 財布の使い方を整えよう 96
お財布の中身を整理しよう 98

21 毎月の支出を定額にできるようになろう 100
純粋に使えるお金を把握しよう 102

第3週のまとめ 家計で節約すべきは「生活費」と「特別費」 104

コラム3 自由に使えるお金の有効活用でお楽しみを 106

トレーニング 01

今日使ったお金を書き出してみよう

第１週

何にお金を使っていますか？

「どうやってもお金が貯まらない！」を解決する第一歩

１週間に必要なお金について考えてみましょう。
最終目標は、自分がどんな風に
お金を使っているのかを把握し、
支出の中の無駄をあぶり出すことです。

この本の使い方

10年間家計簿を真面目につけてもお金が貯まらなかったあきさんが、独自にみつけた家計管理術のメソッドを、少しずつステップアップできるようにまとめた「ズボラ家計管理」トレーニング。ひとつひとつトレーニングをこなしていけば、いつの間にか〝貯まる家計〟に！　家計管理初心者にもわかりやすく、ズボラさんでも無理なく続けられる魔法のトレーニングです。

やるべきことがシンプルにわかる！

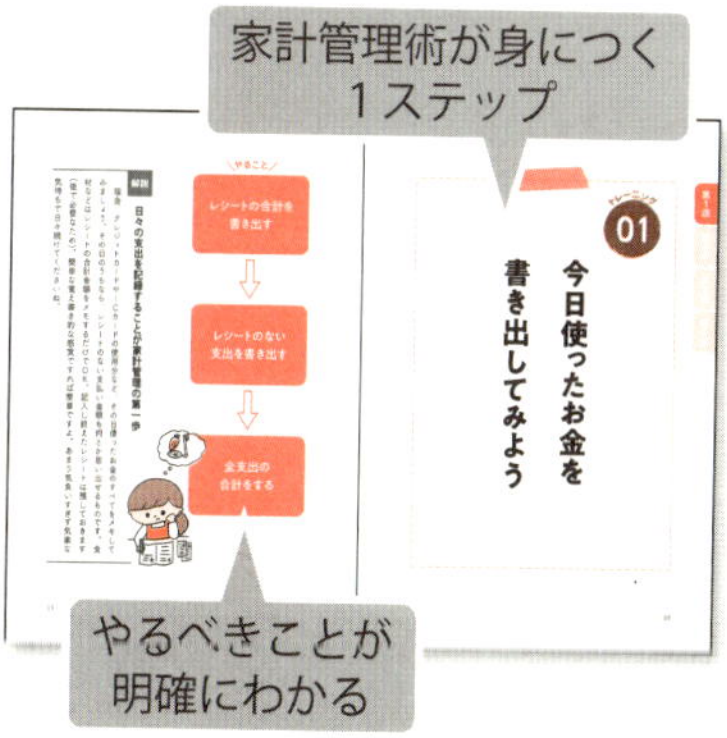

トレーニングの内容を丁寧に解説！

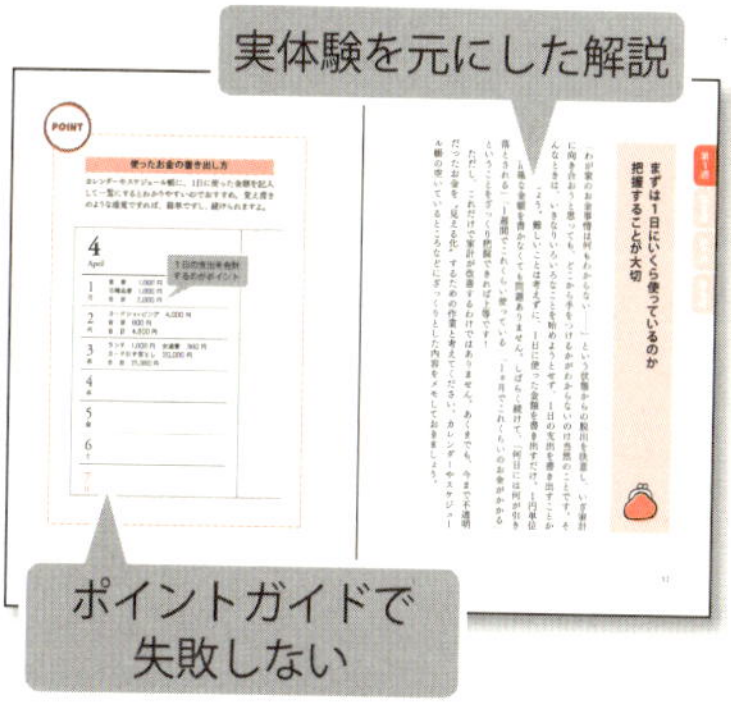

週ごとのまとめで成果を実感！

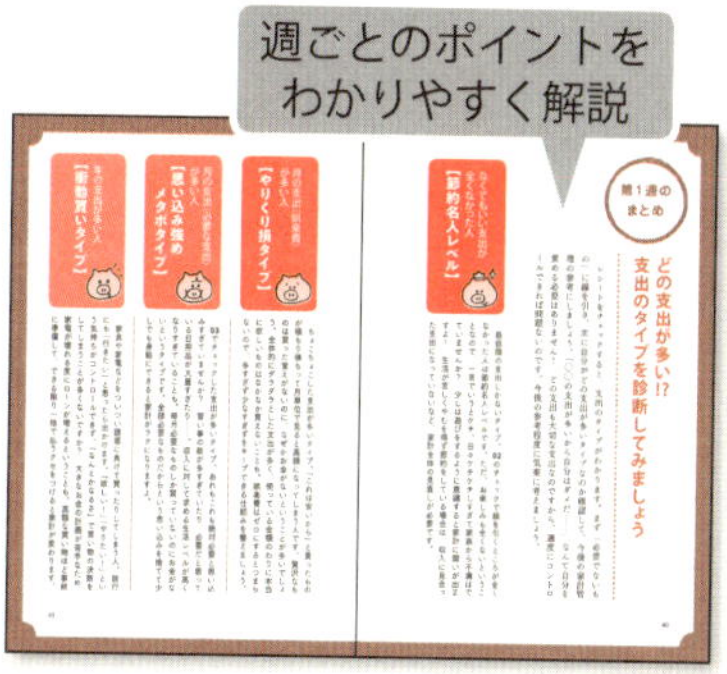

繰り返し何度でも再挑戦してOK。自分のペースでしましょう。

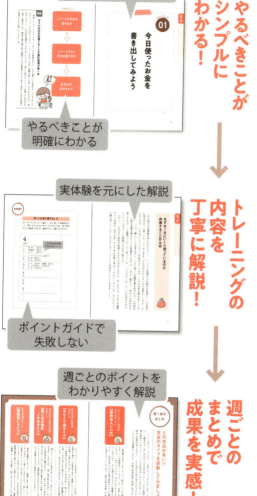

第4週

家計簿を上手に利用する

22 「赤字になる理由」と「黒字になる理由」を考えてみよう 108
常に収入を意識して、赤字スパイラルから脱出 110
23 家計簿を使ってみよう 112
「家計簿をつけてもお金が貯まらない」は誤解です 114
24 「費目」分けをしてみよう 116
ポイントは、「食費」「日用品費」には「なくてもいい支出」を入れないこと 118
25 クレジットカードの支払いは現金払い扱いにしよう 120
見えないお金の扱い方のルールを決めよう 122
26 家計簿を続けられるコツをみつけよう 124
ズボラでも続く仕組みを取り入れる 126
27 年間の家計簿を作ってみよう 128
年間の家計簿をつけてみよう 130
28 「特別費」の年間予算表を作ってみよう 132
特別費年間予算表で家計が変わる！ 134
第4週のまとめ 家計簿で「毎月生活費と特別費がいくら以下になるようにできたか」をチェックする 136
コラム4 家計簿をつける時のチェックポイント！ 138

そしてゴール！
29 ズボラさんでも、先が見えれば不安はなくなる！ 140
30 メリハリ家計でストレスなし！“生きたお金”の使い方をしましょう 142

＼やること／

レシートの合計を書き出す

⇩

レシートのない支出を書き出す

⇩

全支出の合計をする

解説

日々の支出を記録することが家計管理の第一歩

現金、クレジットカードやＩＣカードの使用分など、その日使ったお金のすべてをメモしてみましょう。その日のうちなら、レシートのない支払い金額も何とか思い出せるものです。食材などはレシートの合計金額をメモするだけでＯＫ。記入し終えたレシートは残しておきます（後で必要なため）。簡単な覚え書き的な感覚ですれば楽ちんですよ。あまり気負いすぎず気楽な気持ちで日々続けてくださいね。

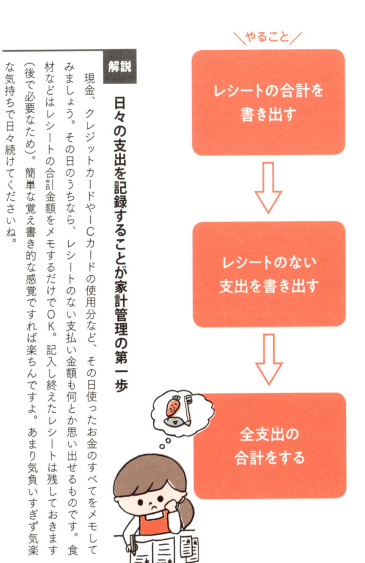

まずは1日にいくら使っているのか把握することが大切

「わが家のお金事情は何もわからない……」という状態からの脱出を決意し、いざ家計に向き合おうと思っても、どこから手をつけるかがわからないのは当然のことです。そんなときは、いきなりいろいろなことを始めようとせず、1日の支出を書き出すことから始めましょう。難しいことは考えずに、1日に使った金額を書き出すだけ。1円単位まで正確な金額を書かなくても問題ありません。しばらく続けて、「何日には何が引き落とされる」「1週間でこれくらい使っている」「1ヵ月でこれくらいのお金がかかる」ということをざっくり把握できれば上出来です！

これだけで家計が改善するわけではありませんが、今まで不透明だったお金を〝見える化〟することで支出と向き合う練習になります。カレンダーやスケジュール帳の空いているところなどにざっくりとした内容をメモしておきましょう。

POINT

使ったお金の書き出し方

カレンダーやスケジュール帳に、1日に使った金額を記入して一覧にするとわかりやすいのでおすすめ。覚え書きのような感覚ですれば、簡単ですし、続けられますよ。

4
April

1日の支出を合計するのがポイント

1 月	食　費　1,000円 日用品費　1,000円 合　計　2,000円
2 火	カードショッピング　4,000円 食　費　800円 合　計　4,800円
3 水	ランチ　1,000円　交通費　360円 カード引き落とし　20,000円 合　計　21,360円
4 木	
5 金	
6 土	
7 日	

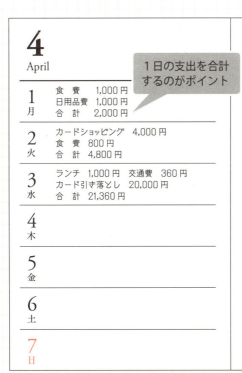

トレーニング

02

「なくてもいい支出」をみつけよう

＼やること／

「なくてもいい支出」かどうかをチェック

↓

迷ったものは「なくても生活できる」か否か判断

↓

「なくてもいい支出」を見つけ出す

？ 「なくてもいい支出」とは？

レシートの品目名を見ながら検討します。探すのは「なくてもいい支出」。「家計の中で無駄遣いになりやすい支出」のことです。何を「なくてもいい支出」とするのか迷った場合は、「あったらうれしいけど、なくても生活できるか否か」で判断してください。「自分では無駄と思っていない」支出の中にも、「なくてもいい支出」が入り込んでいます。

（例）・食事以外で食べるお菓子、菓子パン、プリンやケーキなどのスイーツ＝なくても生活できる
・ファンシー文具、雑貨、雑誌＝なくても生活できる
・カフェのお茶、外食＝なくても生活できる（日々の食事が外食中心の場合は除く）

支出の中の「必要な支出」と「必要ではない支出」の区別がカギ

「家計を改善するためには、無駄遣いを減らすことが大切」、そう思っている人が多いのではないでしょうか。その通りなのですが、「何が無駄遣いで何が無駄遣いではないのか」を判断することは、家計管理が苦手な人にとってはとても難しい作業です。

「これは無駄遣いだな」とわかっていたら、買わないですよね？ でも買ってしまうのは、「買う時には無駄だと思っていない」から。私もかつては、お金を貯めるためには「無駄遣いを減らせばいいだけ」と言われても、「何が無駄で何が無駄でないのかわからない」というのが正直なところでした。家計について知りたい時は、そのような「無駄遣いになりやすい支出が何か」というのを意識することが大切なのです。

支出は「必要なもの」と「必要ではないもの」のふたつに分かれています。家計を上手に管理するためにレシートを使って、このふたつの区別をすることから始めましょう！

POINT

「必要ではないもの」の見つけ方

02は支出の中の「必要でないもの」をみつけるためのトレーニング。「なくても生活できる」と思う支出にマーカーで印をつけましょう。カード払いなどでレシートがない支出は書き出しておくようにします。

○○スーパー

20XX年00月00日　00：00
レジ：00

鶏もも肉	¥589
卵	¥143
大根	¥198
ジュース	¥158
チョコレート	¥324
キャベツ	¥128
玉ねぎ	¥98
米	¥1,980
豆腐	¥128
菓子パン	¥128
カップ麺	¥128
合 計	¥4,002
現金	¥5,002
お釣り	¥1,000

レシートはお金の行動パターンを知る情報の宝庫

買い物した後のレシートは捨てずに持ち帰り、「必要な支出」と「必要ではない支出」のふたつに分類する習慣をつけると、自分のお金の使いグセがわかるようになりますよ！

17ページでマーカーで印をつけた「必要ではない支出」はどれくらいありましたか？これが多いのは、浪費しがちな人です。節約をするなら、この浪費を減らすことから始めましょう。一方で、**何でもかんでも「これは必ずいるものだから」と考えてしまうと、「必要な支出」が多いメタボ家計になる**ので注意してください。「必要ではない支出」がたくさんあったからと落ち込まなくても大丈夫！ **無駄遣いになりやすい支出は、必ずしもやめなくてはいけない支出ではありません。** 全くなくなってしまうと、潤いのないただのケチケチ家計になってしまいます。

食材、日用品を購入したレシートから始めて、徐々に範囲を広げてチェックしてみましょう。「これは絶対に必要」と思うもの以外の支出すべてに線を引きます。繰り返す

うちに仕分ける力がつきますよ。

POINT

こんな支出をチェック！

- 衣類
- レジャーで使ったガソリン代やETC料金
- 遊びに行った時の交通費
- お友達に渡したプレゼント
- 知人宅を訪問した時に持参したお土産
- 美容院
- 寝具
- タオル
- インテリア用品
- フライパンなどのキッチン用品
- アクセサリー

「必要な支出」であっても、食費・日用品費・ガソリン代など日常的に必要なもの以外は一度「必要ではない支出」に入れてみましょう。
「必要ではない支出」に入れた支出は、全部やめなくてはいけない支出ではありません。

トレーニング
03

「必要な支出」を分類してみよう

＼やること／

1～2週間に1回ある支出をみつける

↓

月1回、数ヵ月に1回の支出をみつける

↓

消費しきれなかった支出をみつける

コツ

支払うサイクルごとに分けるのがコツ

「必要な支出」の中から1週間の支出をデコボコさせる「たまにしかない支出」と、「必要な支出」をメタボにする「消費しきれなかった支出」をみつけましょう。

（分類例）A　**1～2週間に1回ある支出**＝買った時にその日の支出が大きくなるもの＝ビールなど箱買いした酒類、調味料、米、オムツ、化粧品、洗剤等

B　**月1回、または月に数回必要な支出**＝ガソリン代、定期的に通う医療費、習い事の月謝、教材費等

C　**消費しされなかった分の支出**＝食べきれずに捨ててしまった食材、余分に買ってしまった食料品や日用品等

支出のパターンを把握すると、リアルに必要な生活費がいくらなのかがわかる

「今週はお米を買ったから食費の支出が大きくなったな……」と思ったことはありませんか？　そんな時に「今週は支出が多かった！」というのは大きな勘違い。もし「来週はもっと節約しなくては……」なんて考えていたら、家計はどんどん窮屈になってしまいます。

今回は支出のサイクルを見つけるトレーニングです。支出にはそれぞれサイクルがあります。「日」「週」「月」「年」とそれぞれ違ったサイクルの支出が複雑に入り込んでしまうと、家計が複雑になり、家計管理を投げ出してしまうことに。そうなってしまった方をこれまで何人も見てきました。米やオムツのように「月に何回か必要な支出」は、「月単位」の支出と考えチェックしてみましょう。

また、買う時は必要だと思ったけれど、実際はいらなかったものというのもあります。そうした支出もチェックします。「必要な支出」の中から「月単位の支出」「それほ

ど必要でもなかった支出」を外すと「日・または週単位」で本当に必要な支出が見えてきます。

POINT

レシートチェックの方法

レシートの品目の中にまぎれている「週に1回」「月に数回」のサイクルで購入したものをチェックします。

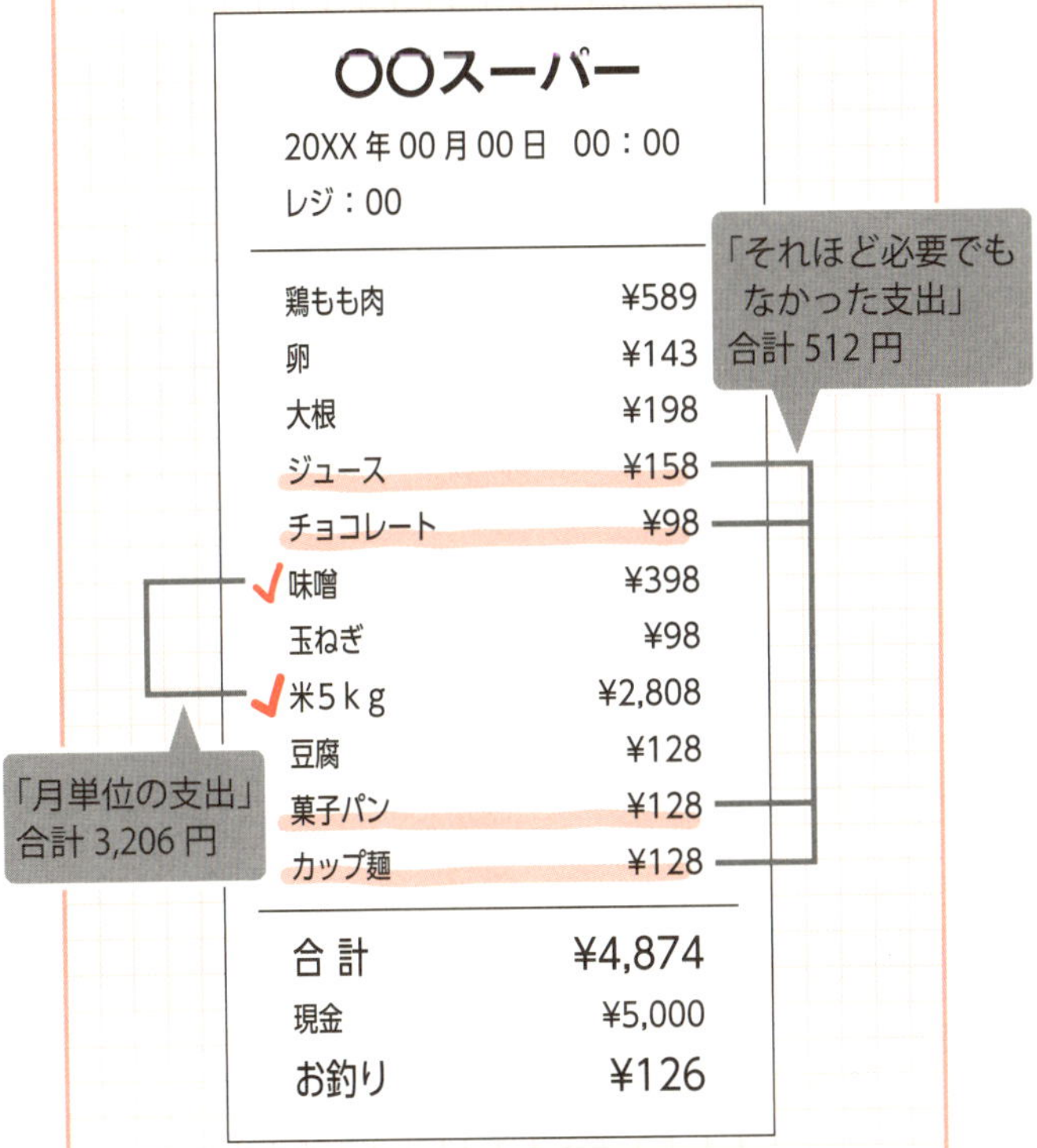

〇〇スーパー
20XX年00月00日　00：00
レジ：00
鶏もも肉　¥589
卵　¥143
大根　¥198
ジュース　¥158
チョコレート　¥98
味噌　¥398
玉ねぎ　¥98
米5kg　¥2,808
豆腐　¥128
菓子パン　¥128
カップ麺　¥128
合計　¥4,874
現金　¥5,000
お釣り　¥126
「それほど必要でもなかった支出」合計512円
「月単位の支出」合計3,206円

支払い合計 −（「それほど必要でなかった支出」＋「月単位の支出」）＝必要な支出
4,874円−（512円＋3,206円）＝1,156円

トレーニング

04

1日に必要なお金はいくらか意識しよう

＼やること／

1日に本当に必要なお金を調べる

↓

1日に使うお金を決める

↓

1日に使うお金以下で生活する

コツ

数日分の平均値を「1日に必要なお金」の目安にする

ここまでで見えてきた「1日に必要なお金」の範囲の中で1日過ごすことができるか試してみましょう。**02**でチェックをしなかったノーマークの支出の合計を「1日に必要なお金」の目安として、数日分を参考にしておおよその金額を推測します。1日2000円など大まかな金額でOK、自分に厳しくしすぎず、少しだけゆるめの金額にするのがポイントです。

「ダラダラ浪費さん」にこそ実践してほしい、必要なお金だけを使う生活

今までのトレーニングでノーチェックになっている支出のほとんどは、「本当に必要な食材」「時々買う比較的安価な日用品」に限定されているはずです。これらの支出は「日」または「週」単位の支出。実は、この**「日」または「週」単位の支出こそが、家計の中で一番管理しやすいお金**なのです。お金が貯まらない人は、この一番管理しやすい支出でさえ日々でたらめなことが多いようです。

私も思うようにお金が貯められなかった時期は1日いくら必要かがわかりませんでした。1日の予算を決めても守れないことの方が多かったのです。なぜなら「日」「週」「月」「年」と支出にサイクルがあることを知らなかったから。すべてごっちゃにして1日に使うお金を決めても、日によってはたくさん使ってしまったり、全然使わなかったりの繰り返しでした。

「1日に必要なお金」がわかれば、少しずつ「予算」を意識するようになっていきま

す。実際に「1日に必要なお金」の予算内で今日1日を過ごしてみましょう。ちょっとしたお菓子を買えるくらいのお楽しみ予算をプラスした金額に設定すると、ストレスなくチャレンジできますよ。「なんとなくダラダラとお金を使う生活」から、「今日1日で必要なお金だけを使う生活」へ。これがお金を貯める習慣の第一歩です。

POINT

必要なお金の管理方法

食材を買いだめする予定があるなら、その日数分をお財布に入れてもOK。ただし、買いだめしすぎて消費しきれなくならないように注意を。**03**でみつけた「週単位の支出」や「月単位の支出」がある場合は、その分もお財布に入れます。毎日お財布の中に必要なお金しか入れないようにすると、だんだん使っていいお金がどれくらいか自分でも見えるようになります。

（例）

米2000円を購入する予定なら1日に必要なお金＋2000円。

オムツ1500円を購入する予定なら1日に必要なお金＋1500円。

※月の支出になる大きな日用品などの支出は1日に「必要なお金」にカウントしません。

トレーニング

05

「娯楽費」を分類してみよう

＼やること／

少しはあってもいい支出を見つける

⇩

使っている金額を把握する

⇩

「娯楽費」として分類する

コツ

「生活の潤いは残す」のがコツ

02で「なくてもいい支出」と判断したものの中に、「少しくらいはあっても……」と思った支出はありませんか？　友人との外食代やお茶代、少額な雑貨代など、日々生活するために必要なお金以外で、ちょっとしたお楽しみとして残したい支出をチェックしてみましょう。

（チェック支出例）

日常生活の中での外食代、交際代

比較的少額な衣料品代、雑貨代、レジャー代（私は1万円以下の支出と決めています）

「娯楽費」は適切なコントロールが必要な支出

02の「なくてもいい支出」の中で、比較的少額な支出をあきの家計管理では「娯楽費」と呼び、一般的な家計簿で「交通費」「交際費」「雑費」「レジャー費」「子ども費」「その他雑費」など、さまざまな費目で管理される支出を複合的に「娯楽費」として管理します。

娯楽費は「月単位」の支出。家計の上ではとてもこまごました支出で、人によって多すぎたり少なすぎたりと金額に大きな差が出やすいのが特徴です。無駄遣いになりやすい支出も多く含まれているため、コントロール不能に陥りやすく注意が必要ですが、「無駄遣いだから」とすべてをがまんする必要はありません。娯楽費は「出してはいけない支出」ではなく「適切なコントロールが必要な支出」と考え、収入に合わせて「毎月これくらいならあっても……」と大まかな金額を決められるようになると、劇的に家計が安定します。

ここまでの数日間の支出の中に娯楽費にあたる支出はいくらくらいありましたか？それらを合計してみると、娯楽費が月にいくらくらい必要かという目安が見えてくるはずです。あまり厳密に考えずに、これくらいがわが家の適正金額というのがわかればバッチリです！

POINT

娯楽費を合計してみよう!

外食	2,000円
お菓子	1,000円
靴下	1,000円
雑貨	300円
雑誌	300円
カフェ	500円
合計	5,100円

「娯楽費」は月単位の支出です

娯楽費には家計の中でもこまごまとした支出が集まりやすい傾向があります。一つ一つは少額なのに月にいくらと考えるとびっくりするような金額になっていることも。娯楽費は月単位の支出なので、毎週いくらと決めるよりは、「月にいくらまでならOK」と考えましょう。

トレーニング

06

「特別費」を分類してみよう

やること
めったにない支出を見つける
高額な支出を見つける
「特別費」として区別する

コツ

「めったにない」「やや高額」な支出をみつけるのがコツ

大型家電の買い替えや家具の購入など「普段の生活の中ではめったにない支出」や、記念日や旅行など「季節やイベントに関連して発生しやすい支出」を探してみましょう。例えば、年に一度の記念日にレストランを予約して行くような外食は「めったにない支出」といえます。ランドセルの購入や七五三のお祝いなどその年だけの支出も該当します。

（例）高額医療費、旅行、家電・インテリア

「普段の支出」と「特別な支出」を区別することが大切

今回は家計の中の「年単位の支出」を見つけるトレーニングです。**支出の中で特に注意したいのが「毎月ではなく年に数回ある支出」「高額になりやすい支出」**です。このふたつを日々の家計の中で管理していると、月の集計で想像以上に高額な支出になって、びっくりすることがあります。

家計を管理していく上で、**毎月あるわけではない支出や高額になりやすい支出は、「特別費」として日々の支出からは切り離し、区別することが大切**です。日々の支出に特別費を含めて考えると、「先週はものすごくお金を使ったのに、今週はあまり使わなかった」といった具合に、週単位、月単位の支出に波が出て家計管理がうまくできません。「週にいくらまで」「月にいくらまで」と決めるのではなく、「年単位でいくら」と考えると、うまく管理できるようになります。特別費に振り回されないように、まずはこのような支出がどれくらいあるのかチェックするクセをつけましょう。

POINT

こんなものも特別費です

年単位の支出は頻繁にあるものではないので、今の段階では「0」かもしれません。出てきた時にチェックするのを忘れないようにしてください。

（例）

・旅行に行った時の外食や交通費

・クリスマスや誕生日のプレゼント

・予防接種

・季節もののクリーニング

・布団

・コートやスーツなどの高額衣類

注意！

「必要な支出」の中にもある特別費

・固定資産税

・車検代

・年払いの保険料など支払いの免れない高額支出

トレーニング 07

1週間に必要なお金を意識してみよう

＼やること／

04の「1日に使うお金」×7の計算をする

⇩

週単位で必要なお金をプラスする

⇩

1週間に使うお金に娯楽費をプラスする

コツ

「1週間に使うお金」を意識しよう！

04で計算した（1日の食費＋日用品費の予算）×7が1週間に必要な最低限のお金です。この金額で1週間の食費＋日用品費、そして娯楽費がだいたい賄《まかな》えるようになると、家計は管理しやすくなります。ただし、特別費など、月や年間の支出になる分は、ここでの必要なお金にカウントしません。特別費は都度別に用意してOK。あまり厳密に考えず「だいたいこれくらい」で決めるのがコツです。日常の家計とは別に管理しましょう。

家計管理を成功させる秘訣は、週に使う予算を決めること

家計管理を成功させる秘訣の第一ステップとして重要なのが、1週間に使うお金を決めること。このお金に「月の支出」や「年の支出」を含めないことが成功させるポイントです。「1日いくら」と決めて守れるようになってきたら、「1週間いくら」と決めて1週間ごとにお財布にお金を入れるようにしてみましょう。**使うお金をお財布に入れるのは基本的には週1回だけ。月に4～5回お財布にお金を入れるだけでお金の管理が済ませられるようになるので、とてもラクになります。**

「今週米を買う」「ガソリンを給油する」「車検代を支払わなくてはいけない」など、**大きなお金がかかりそうな時は、その分のお金を増やしてお財布に入れてOKというルールにします。**「月の支出」や「年の支出」として考えるべきものを「1週間で使えるお金」に含めて考えると、「毎週同じ金額でやりくりするなんて無理！」と早々に挫折してしまうからです。

でも、それらの支出は「別に用意してよい」というルールにすれば、同じくらいの金額で毎週生活するのが意外と大変ではないことに気がつくはず！　ただし、「別に用意してよいお金」も際限なく使っていいわけではありません。月単位、年単位のお金として、最終的にはうまくコントロールする必要があります。ただ、いきなりそこまでやろうとするのは初めての時は難しいもの。まずは**1週間に使う最低限のお金を安定させることを意識するだけでもお金の使い方が整います**。

　ここで出した「1週間に必要なお金」は必要最低限のお金に限定されています。ここをなんとかして減らすのではなく、**生活に必要な支出は「削る」より「守る」ことが大切です**。自分の生活に必要最低限のお金までケチケチすることが節約ではないのです。

第1週のまとめ

どの支出が多い⁉ 支出のタイプを診断してみましょう

レシートをチェックすると、支出のタイプがわかります。まず「必要でないもの」に線を引き、次に自分がどの支出が多いタイプなのか確認して、今後の家計管理の参考にしましょう。「○○の支出が多いから自分はダメだ……」なんて自分を責める必要はありません！　どの支出も大切な支出なのですから、適度にコントロールできれば問題ないのです。今後の参考程度に気楽に考えましょう。

なくてもいい支出が全くなかった人 【節約名人レベル】

最低限の支出しかないタイプ。**02**のチェックで線を引くところが全くなかった人は節約名人レベルです。ただ、お楽しみも全くないということなので、一言でいうとケチ。日々ケチケチしすぎて家族から不満はでていませんか？　少しは遊びをするように意識すると家計に潤いが出ますよ！　生活が苦しくやむを得ず節約をしている場合は、収入に見合った支出になっていないなど、家計全体の見直しが必要です。

月の支出（娯楽費）が多い人【やりくり損タイプ】

ちょこちょこした支出が多いタイプ。「これは安いから」と買ったものが積もり積もって月単位で見ると高額になってしまう人です。贅沢なものは買った覚えがないのに、なぜかお金がないということが多いでしょう。全体的にダラダラとした支出が多く、使っている金額のわりに本当に欲しいものはなかなか買えないことも。娯楽費はゼロにするとつまらないので、多すぎず少なすぎずをキープできる仕組みを整えましょう。

月の支出（必要な支出）が多い人【思い込み強めメタボタイプ】

03でチェックした支出が多いタイプ。あれもこれも絶対必要と思い込みすぎていませんか？　習い事の数が多すぎていたり、必要だと思っている日用品が大量すぎたり……。収入に対して求める生活レベルが高くなりすぎていることも。毎月必要なものしか買っていないのにお金がないというタイプです。全部必要なものだからという思い込みを捨てて少しでも身軽にできると家計がラクになりますよ。

年の支出が多い人【衝動買いタイプ】

家具や家電などをついつい誘惑に負けて買ったりしてしまう人。旅行にも「行きたい」と思ったら出かけます。「欲しい！」「やりたい！」という気持ちがコントロールできず、「なんとかなるさ」で買い物の決断をしてしまうことが多くないですか？　大きなお金の計画が苦手なため、家電が壊れる度にローンが増えるということも。高額な買い物ほど事前に準備して、できる限り一括で払うクセをつけると家計が変わります。

コラム 1

みんなの家の生活費は？

ここでは、あきのズボラ家計簿＆家計管理メソッドをご利用いただいている方の生活費を少しだけご紹介します。お金を貯めるために食費が月2万円台！ など極端に少額の方は意外と少なく、世帯構成に応じて「普通」をキープしている方が多いようです。

手取り年収約300万円
家族構成：シングルマザー・子ども1人（小学生）

- 食費36万円（月3万円）
- 日用品費6万円（月0.5万円）
- 娯楽費17万円（月約1.4万円）
- 特別費73万円（お楽しみなど35万円含む）
- 貯蓄額年間35万円（車のローン完済後は年間80万円になる予定）

手取り年収約400万円
家族構成：夫婦・子ども1人（乳児）

- 食費41万円（月約3.4万円）
- 日用品費10.8万円（月0.9万円）
- 娯楽費36万円（月3万円）
- 特別費53.6万円（お楽しみなど37万円含む）
- 貯蓄額年間88万円

手取り年収約500万円
家族構成：夫婦・子ども2人（小学生）

- 食費52.2万円（月約4.4万円）
- 日用品費3.6万円（月0.3万円 ※別途化粧品費で日用品費あり）
- 娯楽費8.4万円（月約0.7万円 ※別途化粧品費で娯楽費あり）
- 特別費114万円（お楽しみなど40万円含む）
- 貯蓄額年間117万円

第2週

家計の実情を把握する

収入と支出の実額を知ることで、使えるお金の上限と支払いのサイクルを把握することができます。支払いのサイクルを知らずして家計管理はできません。無理なくお金を貯められる家計にすることが目標です。

トレーニング
08

全財産がいくらあるのかチェックしよう

＼やること／

家にある預金通帳を全部出す

↓

入っているお金を書き出す

↓

すべてのお金を合計する

解説

月に一度は記帳をする習慣をつけましょう

お金を貯められない人は通帳記帳をサボりがち。家にある預金通帳をすべて出して預金口座をパトロールして記帳し、今現在の預貯金がいくらあるのかを確認しましょう。Ａ銀行、Ｂ銀行、Ｃ銀行、定期預金の他、自宅貯金も含めて持っているお金の合計額をチェック！　全然使っていない口座は積極的に解約しておきましょう。

きちんと把握することで、その後の家計管理がグンとラクになる

家計管理が苦手な方は「預貯金も含めてあなたが持っているお金はいくらですか？」という質問に、すぐに答えられない場合が非常に多いです。これは、お金と向き合うのを避けてしまう傾向があるから。

一方、家計のやりくりでがんばっている方は、やりくりを月の給与の中だけで考えていることが多く、「月収が低いから毎月赤字。欲しいものは何も買えない」と、（実態はそこまで深刻ではないにもかかわらず）勘違いをしている場合も多いのです。

そのような**家計の誤認や勘違いを防ぐために、まず預貯金、年間収入がいくらなのかを、ざっくりとでも把握することが大切なのです。**わざわざ銀行に行って記帳をしたり、残高を合計したりするのは面倒かもしれません。でも、これを一度やるかやらないかで一生家計のやりくり力に差が出てしまうとしたら？　**家計管理が上手な方の常識をやらずに避けているのがお金を貯められない原因だとしたら？　作業量として1時間も**

かからないことを面倒くさがっていることでの損失の方が大きいと言えます。
大切なのはお金を有効に使いながら、きちんと貯金もできる家計管理を実現すること。きちんと把握することで、その後の家計管理がグンとラクになりますよ。

POINT

月に一度は通帳チェック

家計管理で最も大切なのが家計の現状の把握です。「通帳記帳するだけで、家計の現状を把握できる」と考えて、習慣化することをおすすめします。あとは記帳した残高を合計するだけ。私は毎月「銀行の日」を決め、お金の入出金と記帳を1日で済ませています。

預貯金の合計額	
A銀行	20万円
B銀行	10万円
C銀行	50万円
定期預金	200万円
合計	280万円

任意の基準日を決めて毎月だいたい同じ日の通帳の残高を書き出します。

トレーニング 09

年間の収入はいくらになるか予測してみよう

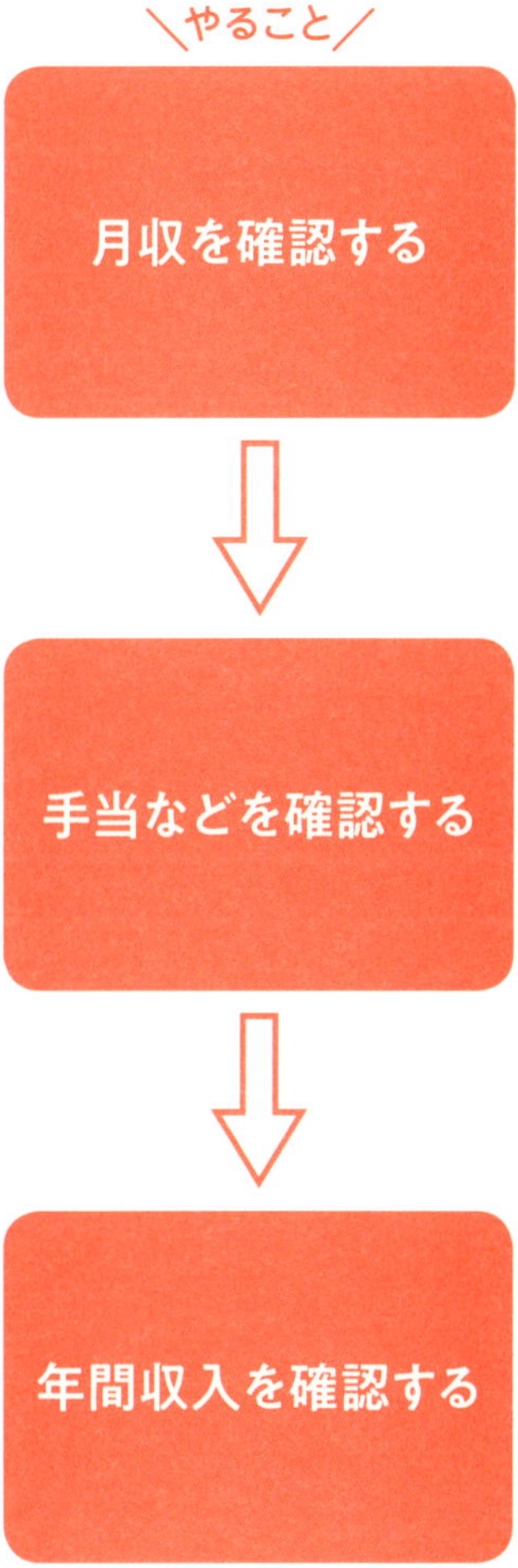
やること
月収を確認する
手当などを確認する
年間収入を確認する

？ 夫婦で別財布の場合はどうする？

毎月の給与、ボーナス、児童手当、年末調整など、1年間にいくら収入があるのかのトータル金額を予測して計算してみましょう。夫婦で別々に家計を管理している場合や、夫からもらった生活費で生活している場合は、自分が管理している家計の収入分だけでOK！　自分が管理していないお金のことまでやろうとすると混乱を招きます。給与は税込みではなく手取りの金額で計算します。

意外と把握できていないのが、正しい年収

家計管理が苦手な方のもうひとつの特徴が、「年収はいくらですか?」という質問にすぐに答えられないことです。もちろん、大まかには把握しているようですが、それでは「どんぶり勘定」のまま。正しい家計管理はできません。

年収を正確に把握している方は、意外と少ないようです。特に家計管理が苦手な方に多いのが、「収入はだいたいこれくらいだから、買っても大丈夫かな」と買い物をして、なかなか貯金が増えないタイプ。逆に、「収入がこれだけだから、もっと節約しなきゃ」と必要以上に自分や家族を苦しめているケースもあります。もちろん、目的があって節約をするのならばがまんも必要ですが、家計における**収入と支出を正しく把握すると、がまんするポイントがわかり、メリハリのある家計管理ができるようになります**よ。家族のストレスも軽減されるはずです。

これから先も含めて1年間の収入を正確に把握することは難しいかもしれませんが、

過去1年の収入を参考にしながら計算をしてみましょう。ここでは、**1円単位まで正確であることにはこだわらなくても大丈夫！** 紙と鉛筆と通帳さえあればできてしまいます。

POINT

年間収入の合計方法

月々の給与×12ヵ月に、ボーナス、年末調整、児童手当なども書き出してそれを合計してみましょう。ここでは、1円単位まで考える必要はありません。これまでぼんやりとしか把握していなかったのならば、具体的な数字を記すことで、意識が変わります。そこがポイント。状況が見えなくては解決策も立てることはできません。

（例）

夫　月収	22万円
妻　月収	8万円
月収計	30万円 ×12ヵ月 =360万円
ボーナス	
夫	30万円×2回=60万円
手当	
児童手当	12万円
年間収入	432万円

トレーニング 10

給与を全額引き出してみよう

やること

月収を確認する

↓

月収を全額引き出す

↓

月に使える
お金の上限を知る

解説

月の収入でやりくりできるかをリアルに体験する

何にどうお金を使っているのかを把握するために、一度振り込まれた給与を全額引き出してみましょう。紙に金額を書き出すだけでもいいですよ。「給料日を過ぎているし……」という場合は、直近の給与の手取り分と同額を引き出します。

（失敗しない方法）

給料日まで待ってもいいですが、全額を引き出す目的は、月の収入でやりくりできるかをリアルに体験すること。給与分（手取り額）の現金を使って支出を割り振りすることで、意識が大きく変わりますよ。

給与を全額引き出してお金の実感を得てみよう

家計管理を始める前に、ややこしくなっている家計をリセットするために、入ってきたお給料を一度、全額引き出してみましょう。夫婦で給料日が別々の場合は、夫の分、妻の分と日付を変えて引き出しても問題ありませんし、合算して一度に引き出してもOKです。給与の全額が「基本的に今月使えるお金の上限」です。

毎月赤字になったり貯金ができなかったりする方は、「使えるお金の上限」があまりよくわかっていないことがあります。なんとなくお金を使っているうちに月のお給料を超えた支払いが発生してしまうことに……。それを繰り返すうちに次第に家計が自転車操業になるパターンが多いようです。当たり前のことですが、目の前にあるお金以上を使いすぎたら「今月は赤字」なのです。この現実にまずは向き合ってみてください。

ただし、家計には「特別費」のように、年単位で高額な支出があります。例えば、車検代20万円を支払っても今月の総支出が給料以下になるように生活するというのはよほど月収が高い方でなくてはできません。この「基本的に今月使えるお金の上限」というのは、「大きな支払い（特別費）が特になかった時の使えるお金の上限」と考えるところからスタートしてください。

POINT

家計のリセットの第一段階

1ヵ月の給与と同じ金額を引き出し、それだけでやりくりできるか考えてみましょう。クレジットカードは使わないのが望ましいですが、使用した場合はその分の金額を抜き取り、別の封筒に取り分けます。この方法は、カードを使って先送りにしていた支払いをリセットするのにも有効です。

[夫婦別々の家計管理の場合]
自分が管理している収入だけ引き出す。

[自営業・フリーランスなど、収入が安定しない場合]
だいたい最低限これくらいという月収の平均額を引き出す。

[給料日が月２回以上ある]
複数回分の収入を合算し1ヵ月分でいくらと考えて引き出す。

[給料日が来ていない]
給料日が来てからやってみる。（または紙に金額を書き出す）

トレーニング

11

毎月必ず支払うお金はいくら？

＼やることノ

毎月の「固定費」を書き出す

⇩

毎月の「固定費」を合計する

⇩

毎月の「固定費」をざっくり把握する

？「固定費」って何？

「固定費」とは、毎月決まって支払っているもののこと。ここで考えるのは、例えば、家賃（住宅ローン）や水道光熱費、携帯電話代、生命保険料など、必ず**毎月ほぼ決まった金額を支払っているものだけ**です。基本は生活をするのに必要な支出。月によって金額が変動するクレジットカードなどの支出は含みません。「何にいくら必要なのか」を考えて、**10**で引き出した給与分の現金を振り分けてみましょう。

月の収入から固定費を引いた残金、それが「今月使えるお金の上限」です

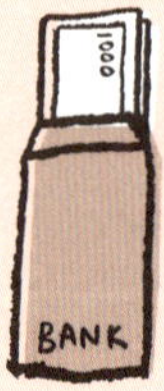

家計管理をする時、**毎月決まってある支出、それを「固定費」といいます。**支払いが必ずある（＝固定されている）日々の暮らしに関する費用で、水道光熱費や電話代、住宅ローン、生命保険料、学費（学校に支払うもの）などになります。これらの金額が合計で月にいくらくらいあるのかざっくりでいいので計算してみるのが、今回のトレーニングです。月によって大きく変動するショッピングでのクレジットカードの引き落とし分は含まないようにしてください。エアコンを使う月は電気代が高くなるなどの支出の波は見越して、だいたいの平均で考えましょう。

大まかに毎月の固定費がわかったら、それを給与から差し引きます。**残った金額が、あなたの「今月使えるお金の上限」です。**給与分の現金を、それぞれの固定費を支払ったとして振り分けてみると、いくら手元に残りますか？

「予想以上に多かった！」「想像通り、いやそれ以上に厳しかった……」

と、さまざまだと思います。目の前に残った金額、それが現実なのです。**家計管理が苦手な人の多くは、この現実から目をそむけていることが多い**です。現実を知らないままでは、改善策も見えません。残る金額が少ない場合は、固定費を減らすことができないか考えてみましょう。家計改善のためには必要なことなのです。

POINT

月の固定費を調べてみよう!

生活をする上で、必ず支払わなければいけないお金「固定費」を差し引いた残りで食費や日用品費などをやりくりします。これがわからなければ、どれだけお金が必要なのか、日々の生活をどれくらいでやりくりしないといけないのかが見えてきません。1円単位まで正確にする必要はナシ! ざっくりと把握してみましょう。

(例)

住宅ローン	6万円
電気代	5千円
ガス代	4千円
水道代	3千円
生命保険料	1万円
携帯電話代	1万円
小学校	5千円
習い事	6千円
合計	10.3万円

月収　30万円－10.3万円=19.7万円

今月使えるお金の上限は19.7万円

トレーニング 12

1ヵ月に必要なお金はいくらか考えてみよう

＼やること／

07で試算した1週間に必要なお金を考える

↓

月に必要なお金を考える

↓

毎月必要な金額をざっくり把握する

解説

リアルに必要な「生活費」はいくら？

毎月の生活にいくら用意すれば足りるのか、**11**の固定費や**07**の1週間の予算を参考に、**10**で引き出した給与分の現金を振り分けましょう。

（失敗しない方法）

ここで考えるのは、食費、日用品費、娯楽費、ガソリン代、小遣いなど、毎月の生活に必要な支出についてです。車検代、固定資産税といった大きな支出（特別費）は含みません。

毎月の生活にかかるお金を知ろう

毎月の生活にかかる支出を、私は「生活費」として仕分けています。生活費とは食費や日用品費など生活に密着した支出のことです。人によっては「変動費」「流動費」「やりくり費」などと表現しています。

ここでは、毎月生活費がいくらあれば足りるのかを考えてみましょう。家計管理が苦手な人は「そんなこと言っても家計簿をつけたこともないのに、毎月お金がいくらかかるかなんてわからない」と考えてしまうかもしれません。でも、ここまでのトレーニングをこなしてきたのなら、簡単に導き出すことができますよ。

1週間に必要な最低限のお金は**07**で把握できています。このお金は、あなたにとって1週間でどうしても必要なお金。よほど多すぎる方以外は減らす必要がないのですから、その金額を単純に4倍するだけで1ヵ月分の生活費の基本金額がわかります。5週目がある月もあるので、数千円くらい多めに考えると安心です。そこにガソリン代や娯楽費といった「月単位でかかる支出」を加算していけば1ヵ月の生活費はだいたい把握できますよ。あまり厳密に考えずにざっくりと計算するのがコツです。

POINT

月の生活費を調べてみよう!

これくらいでやりくりしないと……という理想ではなく、自分にとって必要な金額でざっくり計算するのがコツです。ちなみに、あき家では、夫婦の小遣いは「固定費」として仕分けています。家計の状況によって月の生活費に入れるか、固定費にするかは自由ですが、友人との飲み会やお茶代、それに伴う交通費はすべて個人のお小遣いの中でやりくりしましょう。

（例）

1週間に必要な食費・日用品費

2000円×7日＝1.4万円

（07参照）

1.4万円×4週＝5.6万円

だいたい月6万円。

月単位の支出	
米・酒・オムツなどの大きな支出	1万円
娯楽費	2万円
ガソリン代	1万円
小遣い 夫	3万円
小遣い 妻	2万円
合計	15万円

トレーニング 13

毎月の支出の理想と現実を知ろう

＼やること／

12の1ヵ月に必要なお金を書き出す

↓

10の1ヵ月に使えるお金を書き出す

↓

毎月の支出の理想と現実を比較する

コツ

お金の使い方、今のままで大丈夫？

1ヵ月の支出の基準額は、「これくらいでやりくりしないと」と考えた金額ではなく、これくらいあれば「普通の生活ができる」という「現実的な金額」にするのがコツ。理想を追い求めて家計設計をしてもうまくいかないことが多いです。だいたいこれくらいあれば1ヵ月過ごせるというお金の基準額を参考にすると、安心して生活できます。

「日」「週」「月」「年」と支払いサイクルを分けて考えるクセをつけよう

11と**12**のトレーニングで、「毎月の固定費○○万円」＋「毎月の生活費○○万円」＝「月の支出○○万円」と、だいたい毎月いくらが必要なのかがざっくり把握できたと思います。家計管理が苦手で、お金が貯められない人は、この「月にいくら必要なのか」がわかっていないことが非常に多いようです。また、「今月は車検があるからもっと節約しなくちゃ……」など、「年単位の大きな支出（特別費）」と「月単位で必要な支出」をごっちゃにして考えて毎月お金の工面に慌てている方も多く見られます。

効率よくお金を貯めるには「日」「週」「月」「年」と支払いサイクルが別のものをごっちゃに考えるクセをやめることが大切です。月の家計に必要なお金は、あくまでも「車検のような大きな支出（特別費）」を除いたお金と考えるのが家計をうまく回すコツ。

今回出した「月の支出の基準額」は過去のレシートなどから出した「現実的な金額」。この「現実的な金額」でやりくり可能な状況をキープできるのが〝理想の家計〟です。

万が一、この「現実的な金額」でやりくりできず赤字になってしまったら、「月の支出」を減らすことを考えるのではなく、固定費を見直すなど、どうしたらそのお金を確保できるかを考えるのが本来の節約です。

POINT

月の支出の理想と現実を知ろう！

現実的な月の支出を計算した時、月収以上になってしまう場合は要注意！
ただし、ボーナスや手当があるなら毎月赤字でも年間では黒字を目指せることもあるので焦らないで。多少赤字でも「無理のない金額」でやりくりできるように計画すると辛くならない家計設計ができます。

（例）

月収	30万円
固定費	10.3万円
生活費	15万円
支出計	25.3万円

月収以下ならOK!
月収以上なら毎月赤字！

トレーニング 14

「貯金」と「特別費」は年間いくら確保できるのか確認しよう

＼やること／

1ヵ月に必要なお金×12を計算

↓

年間収入から引く

↓

「貯金」と「特別費」に使えるお金がわかる

コツ

あまり厳密に考えすぎず、ざっくりとした指針と考えましょう

年収から必要な生活費と固定費を差し引いた金額が「特別費」や「貯金」に充てることができるお金。「予定外の出来事で計画が崩れることもあって当たり前」というユルい感じで考えましょう。毎月いくらあれば生活できるのかという月の家計の基準額がわかると、年間予算も立てられるようになりますよ。

「特別費」と「貯金」に使えるお金はいくら？

年間収入から月の支出×12を引いてみましょう。残った金額が「特別費」と「貯金」に使えるお金です。**ここまでのトレーニングができると、なんと家計の年間予算が立てられるまでにレベルアップ！** 今まで「年間予算なんて難しくて、とてもじゃないけど立てられない」と考えていた人でも、簡単にできるようになります。あとは「特別費と貯金にいくらずつ配分しようかな」と、考えるだけ。予定通りの貯金ができる家計にすることができるのです。

もちろん、家計には「予定外」がつきものなので、時にはその通りにいかないこともありますが、それでも「無計画のどんぶり勘定」よりは確実に貯金できるようになりますよ。

この方法は特に家計簿を長年つけてきた**「家計簿のベテラン」さんにも、とても好評で「もっと早く知りたかった。そうしたらもっと安心して老後を迎えられたのに」と言**

っていただくこともあります。

「貯金にも特別費にも回す余裕がない」という結果になった場合は、もう一度生活費、固定費を見直してください。特に**固定費は生命保険の保険料など、見直すべきポイントがあるので、スリム化できるところを見つけて検討することをおすすめします。**

POINT

「特別費」と「貯金」に使えるお金

「特別費」と「貯金」に使えるお金を、いくらずつで分ければいいかを考えると、確実に貯金できるようになる！

（例）
年間収入　432万円
月の支出 25.3万円× 12
= 303.6万円

432万円− 303.6万円
= 128.4万円

この128.4万円をどう分配するかを考えるのも楽しいですよ。貯金分を除いた特別費として確保したお金は、使いきってOK。臨時の出費があっても安心です。

第2週のまとめ

毎月定額制で、みるみる家計が安定する！

多くの家庭では収入が多いと使いすぎ、収入が少ないとカツカツになるというジェットコースターのような家計になりやすいものです。一方、私がおすすめするのは「毎月定額制」。その月の収入が多い少ないにかかわらず、「毎月の予算は基本的に定額にする」というものです。繰り返しになりますが、月の予算には「車検代のような大きな支出（特別費）」は含みません。

「特別費以外は毎月定額制」にすると銀行口座も管理しやすくなり、あっちの銀行にお金を入れてこっちのお金をこっちに移して……と毎月お金の入出金が複雑になることがありません。あれこれ考えずに特別費を除いた支出を毎月同じ金額でやりくりするだけなので、家計管理がシンプルになります。さらに、毎月定額なので、月の予算×12ヵ月を計算す

ることで年間予算まで考えられるようになります。これができるようになると、お金のことに頭を悩ませる時間が劇的に減るので、お金にズボラでいたい人ほどおすすめです。

もちろん、この定額制のお金は厳密にいえば〝ほぼ定額制〟。「どうしても」という月は誰にでもあるものなので、月によって数千円、多くても数万円程度の変動がたまにはあってもかまいません。ただ、毎月10万円も誤差が出てしまうような「〝どうしても〟の月がほぼ毎月」のようでは、家計管理がうまくできていないことになります。

「ローンや借金があって」「カード払いやリボ払いが多すぎて」「自己破産歴があって」など家計が破たん寸前のところから「わらをもつかむ思いで相談しました」という方たちも、毎月定額制で家計がみるみる変わり、早い方で数ヵ月、長い方でも1～2年で自力回復。今ではお金の不安もなく家計を切り盛りされている方がたくさんいます。家計がメチャクチャな人ほど効果が出やすい傾向があるので、ぜひ「定額制」を試してみてください。

コラム
2

「先取り貯金」はお金を貯める近道なの？

「貯金をする金額を決めて、残ったお金で生活するのが一番貯まる方法でしょ?」と言う方がいます。もちろん、それができれば一番です！　でも、「先取り貯金をしても生活費が足りなくなって、結局貯金を崩してしまう……」という方が多いのが現実。先取り貯金を守るために、生活費が足りなくなったら親から援助してもらっているというケースも。これでは親のお金を貯金に回しているのと同じ。先取り貯金は必ずしも有効ではない、ということです。

先取り貯金をするのなら、まずは月収と13のトレーニングで出した月の支出の比較をして、先取り貯金をしても月の支出が月収以下になっているのか確認しましょう。

例えば、月収30万円で月の支出が25万円なら先取り貯金も◎。先取り貯金をすると月の支出が32万円になってしまうなら、ひとまずはしない方がいいでしょう。先取り貯金を入れて月収を超えてしまう場合は、先取り貯金には向いていない家計と考えてください。

第3週

ズボラでもできる家計管理術を身につける

お金のことは、計画だけは多少きっちり。
でも実際の運用はズボラというのが一番ラクに成果が出やすいもの。
計画がずさんで運用だけきっちりやっても成果は出にくいのです。
運用をラクにする工夫ができるようになりましょう。

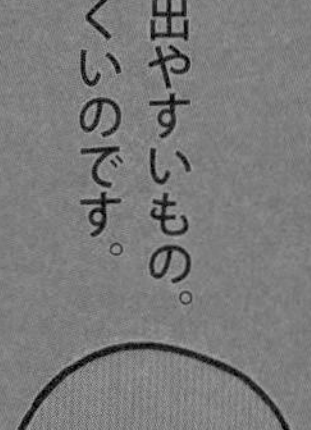

トレーニング

15

「使ってもいい貯金」と「使ってはいけない貯金」を分けてみよう

＼やること／

口座を確認する

↓

使う口座と
使ってはいけない
口座に分ける

↓

「使ってはいけない
貯金」を明確にする

解説

口座の役割を分けることで予算を「見える化」

家計の失敗例でよくあるのは、お金をいくらまでなら使っていいかが自分でもわからなくなるというパターン。そのような〝使っていいお金〟の上限が口座の残高を見るだけでわかるように「見える化」するのが今回のトレーニングの目的です。

固定費や生活費の口座は毎月入出金を繰り返す「動く口座」、特別費などは「使ってもいい口座」、そして貯金は「使ってはいけない口座」というように役割を明確に分けます。

「使ってもいい貯金」と「使ってはいけない貯金」を分けよう

思うように貯金ができない理由は、毎月いくらまでなら使ってもいいのかがわからないのが原因であることが多いです。給料が振り込まれたり、あれこれ引き落とされたりするうちに何が何だかわからなくなってしまうのです。通帳の残高が来月増えるのか減るのか予測もつかない状態になっていませんか？

そんな時に有効なのが、口座の役割を分けるという方法。口座は「引き落とし口座」「特別費口座」「貯金口座」の3つに分けましょう。口座を必ず3つだけにするのではなく、役割が3つに分かれていればいくつあってもOKです。4つ目に投資用の口座を持つなどアレンジも自由です。

特に「特別費口座」と「貯金口座」は、給料などの振り込み口座ではなく、引き落とし口座でもないようにしておくのがポイントです。新しい口座を作るのが面倒なら、比較的入出金が少ない口座を選ぶのでも構いません。

特別費口座に入っているお金は旅行や家電の買い替えなどに「使ってもいい貯金」。貯金口座に入れたお金は「使ってはいけない貯金」。**貯金口座は入金専用。車、マイホーム、老後など大きなイベント以外は1円たりとも崩さないお金です。**このように口座を分けると、今貯金はいくら貯まっているな、いつまでに使っていいお金はいくらだなと口座の残高を見るだけでわかるようになり、ダラダラ無制限にお金をおろすクセの矯正になりますよ！

POINT

口座は3つの役割できちんと分ける

1 **給与振り込み＆引き落とし口座**
固定費や生活費を引き出す口座。カード払いなどの引き落としがある口座。増えたり減ったりする。

2 **特別費口座**
特別費の支払いのお金を一時的に保管しておく口座。増えたり減ったりする。

3 **貯金口座**
貯金専用の口座。お金は増える一方。

あき家の口座分け方法

1 **給料入金口座**（夫婦で各自1口座）
2 **引き落とし口座**（2口座。引き落とし先指定の都合でまとめられない）
3 **特別費口座**（1口座）
4 **貯金口座**（1口座）

引き落とし口座には引き落とされる分のお金しか入れないようにし、1ヵ月間で使えるお金を明確にしています。その他番外編ですが、あき家は、上記の3つの口座以外に「家計管理外」の口座も持っています。この通帳は家計簿にもつけていないへそくり的な口座です。

トレーニング

16

大きな支出のための予算をねん出しよう（特別費に備える）

＼やること／

14で出した特別費と貯金に使えるお金を確認する

⇩

貯金する金額を決める

⇩

残りを特別費としてストックする

コツ

特別費分は、予想より少し余裕を持たせた金額に

14のトレーニングで年間収入から月に必要な生活費と固定費を引いたお金を貯金と特別費に分配します。ここで注意すべきは特別費をいくらに設定するか、ということ。特別費は家計の中でも大きな金額の支出。大きな出費に慌てない家計になるように、備えておきたい金額を予想し、それに少し余裕を持たせた金額を決めます。この分を差し引いて残るのが貯金できるお金になります。特別費を優先にすると、旅行などに使いすぎる場合もあるので、両者のバランスが大切です。

まずは、家計の中の大きな支出を把握すること

家計の中には年単位で発生する大きな支出（特別費）があります。初めのうちは、年間でいくらの特別費が必要か把握するのは難しいかもしれません。実際に、特別費に関するご質問は非常に多く、「特別費への備えができない」「備えられるまでは貯金を崩して対応した方がいいのか」など、みなさん苦労されています。反対に、「初めてお金にビクビクしないで旅行を楽しめました」など、特別費が管理できるようになった時の喜びのお便りも多く寄せられています。

特別費は、管理が非常に難しい支出なので、あまり難しく考えず、14で出した「特別費」と「貯金」に使えるお金をふたつに分けることから始めてください。例えば、14で出した金額が年間128.4万円なら、「60万円貯金したいから、特別費は年間68.4万円まで」といった具合に、ざっくり分けるだけでOK。ただし、固定資産税や自動車税や車検代など、絶対に必要な支出分は取り分けておく必要があります。ですから、特別

費として確保する金額は、予定されている大きな支出の合計額以上になるようにしておくことをおすすめします。

備えがあれば、大きな出費があっても慌てることも不安になることもありません。今月赤字でも「予定通りの赤字だから問題ない」と冷静に受け止められるようになります。また、旅行や家電の買い替えの度に貯金を崩すということもなくなります。

POINT

特別費と貯金の分け方

14で出した「特別費」と「貯金」に使えるお金をふたつに分けてみましょう。
ここでは年間で予算を立てること。年収（手取り）から生活費と固定費を引いた残りの金額を貯金と特別費に分けます。お金を貯めることが目的ならば、目標金額を残金から引いた金額で特別費の使い道を考えます。

「特別費」と「貯金」に使えるお金が128.4万円の場合

うち60万円は貯金に、
残り**68.4万円**が特別費の予算

[特別費として想定される支出]

車検代	20万円
自動車税	4万円
固定資産税	10万円
合計	34万円

68.4万円－34万円＝34.4万円

34.4万円は旅行や家電など、自由に使っていいお金として特別費口座に貯金しておく。

トレーニング 17

クレジットカードでの支払いを整理しよう

＼やること／

**使っている
クレジットカードは
何枚かを確認**

⇩

**引き落とし口座が
いくつなのかを確認**

⇩

**引き落とし口座を
夫婦各１枚、
家庭用１枚に絞る**

コツ

夫婦で使用するならカードは最大3枚まで

家計の中でもブラックボックスになりやすいのがカードでの支払いです。自分のカードだけでも複数持ち。さらにパートナーのカードでの支払いまで複数。引き落とし先の口座もバラバラ。こうなると家計はどんなに頭がいい人でも管理不能なくらいグチャグチャに……。カードの支払いで家計が狂わない仕組みを作るために、カードの枚数や引き落とし先の整理をしておきましょう。

夫婦で家計を管理するならおすすめのカードの枚数は３枚。余分なカードは積極的に解約すると、家計がわかりやすくなります。

カードの引き落とし先と枚数を整理せずして家計は安定しない

カードでの支払いが便利な現代社会では、クレジットカードを使わないようにするのは難しいものです。上手に付き合えばとても便利なのですが、家計を混乱させる元凶ともいえる怖い側面があります。

「ポイントが貯まるから」と、何でもカード払いにして、いつの間にか月収以上の支払いが毎月発生する慢性的な赤字に陥ってしまう方たちの家計の再生を何度もお手伝いしてきましたが、クレジットカードの乱用によるご相談は今でも後を絶ちません。**夫婦で家計を管理するならクレジットカードの枚数は夫婦で各1枚、プラス家族用のカードで合計3枚まで。引き落としは夫婦各自の小遣い専用口座にしておくのがコツです。**

生活費の口座に夫婦のクレジットカードの引き落としを設定してしまうと、給料が入ったと同時に夫や妻のカードの支払い金額が引かれて、肝心の生活費がなくなるという悪循環の原因になります。かつては、あき家もその悪循環にはまっていました。でも今では夫婦のカードと家族用カードに利用を分けたので、小遣い以上の引き落としがないように各自で気をつけられるようになりました。

夫婦のクレジットカード以外に家族用カードも1枚あると便利です。子どものものや家電やインテリアなど家族で使うものは家族用カードで。引き落とし先は家計の引き落とし口座から。**自分の支払いと家族の支払いのゴチャゴチャを解決すると、生活費の使い込みがなくなりスッキリしてきますよ！**

POINT

クレジットカードの枚数と引き落とし口座を整理

クレジットカードは必要最少枚数にします。ICカードでの支払いについても同様に考え、お小遣いとしての個人的な支出は、夫婦それぞれ個人の口座から引き落とすようにします。家計を管理するための口座とは分けて考えること。給与の振り込み口座とは別にするべきものとして覚えておきましょう。

夫婦のカード

夫専用のカード、妻専用のカード各1枚ずつ。引き落としは夫と妻それぞれの専用口座に設定。夫と妻専用口座には小遣い以外のお金（生活費など）は入れない。小遣い以上の支払いがあると払うことができない仕組みにし、自分の小遣いの範囲内でカードを使う。
ちなみにあき家では小遣いの範囲内なら内訳は各自自由。面倒くさいので家計簿にも支出の明細はつけません。

家族用のカード

家族の支出専用のカード。子どものものや旅行代、家電・インテリア代などは家族のカードで支払う。ちなみに、あき家では、家族用カードの支出は予算表にも予算として書き込み、家計簿にもつけてしっかり管理しています。

トレーニング

18

#「別枠」になっている支出がないかチェックしよう

＼やることと／

「別枠」になりやすい支出を考える

↓

「別枠」を作らない工夫をする

↓

予定通りの支出にする

コツ

クレジットカードは何に使ったお金？

「あの支出は別だから仕方がない」と、常に「別枠」の支出がある方がいます。家計の中にそんな支出がないかを確認するのが今回のトレーニングです。家計の中で別枠になりやすい支出として、特に注意したいのは「クレジットカード払い」と「生協の支払い」と「追加で渡す小遣い」です。この支出に際限がないと、予算を立てても意味がなくなるので注意しましょう。

家計の「別枠」を作らない仕組みを整えよう

毎月銀行からおろす金額はだいたい決めているのに、「月ごとの支出に波がある」「お金が貯まらない」という方が多くいます。予算内でやりくりできていれば、確実にお金は貯まるはずなのに貯まらない。そんな時に、真っ先にチェックしたいのが「家計の別枠」です。

クレジットカードの支払いは別、生協の支払いも別、小遣いは足りなくなったら追加で渡す……、**なんでも「別枠」にしている家計はザルのようなもの。貯まるはずのお金も隙間からどんどん漏れてしまいます。12**のトレーニングで「特別費を除いた支出は毎月定額制」として予算を決めても、その月にクレジットカード払いが5万円あれば、支出が5万円オーバーしているのと同じこと。「カードでの支払い」も「生協の支払い」も「追加で渡す小遣い」も含めてほぼ定額にならなければ、「毎月定額制」とは言えません。

あき家もかつては毎月現金でおろす金額をだいたい決めていたのに、夫婦の個人的な支出のクレジットカード払いと家族のものの支出のクレジットカード払いを別枠にするなど、肝心なところを見落としていたので、お給料が入るとクレジットカード払いでの支出が引かれてしまい、毎月定額でやりくりしていても赤字でした。

今は、夫婦のクレジットカード支払い分は各自の小遣い専用口座から引き落とされるよう設定し、その金額がどんなに多くなっても家計のお金からは出していません。家族の支出のクレジットカード払いについては、**使った時に同額の現金を取り分けて現金払いと同じように扱い、その月の支出として計上するようにしています。こうすることで、家計が予測通りにいかない月が劇的に減りました。**

POINT

家計の「別枠」をなくす方法

家計に「別枠」があると支出が安定せず、予算を守れなくなります。ここでは「別枠」と考えがちな3つについて防止策を紹介します。

1 クレジットカード支払い分

クレジットカードで支払った金額は、翌月の引き落としでもその月の支出と考えるクセをつけましょう。

2 生協など会員制宅配分

月の予算を決める。明細をチェックする必要はありませんが、翌月の引き落とし金額がわからない状況はNG。

3 小遣い

自分専用口座を持つなど使えるお金の上限を常に把握する。洋服代は別、化粧品も別……と、何でも別枠にするのは〝小遣い以上の小遣い〟をもらっているのと同じ。

トレーニング

19

小遣いと生活費は分けて考えよう

＼やること／

小遣いの扱い方を振り返る

↓

小遣いと生活費の財布を分ける

↓

小遣いと生活費の区別をつける

解説

わからなくなるなら、物理的に分けてしまう

家計を管理している時にゴチャゴチャになりやすいのが「小遣い」と「生活費」の区別です。もらった時には「小遣い」と「生活費」は区別している方がほとんどですが、小遣いと生活費がいつの間にかお財布の中でゴチャゴチャに……。そんな事態を防ぐために、小遣いと生活費の財布は分けるのがおすすめです。何を小遣いから支払い、何を生活費から支払うのかという区別をしっかりつけましょう。

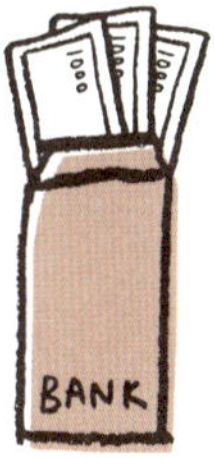

小遣いを別財布にすると家計管理は安定する⁉

「小遣い」と「生活費」の財布を一緒にしていると小遣いで食費の不足分を補ったり子どものものを買ってしまったりと、運用面でしっちゃかめっちゃかになるだけでなく、せっかくもらった小遣いも自分のためには使えず、気付けば家計の赤字を埋めるだけでなくなってしまったりと上手にお金が使えない原因になります。「小遣い」と「生活費」の財布を分けて、「小遣いでは食材は買わない」「生活費で自分の服や化粧品は買わない」など、お金の用途をしっかり区別できるようになりましょう。

特に専業主婦の方に多いのが、「小遣いがない」と言いながら洋服、化粧品を日用品費に、自分だけのご褒美スイーツをちゃっかり食費に紛れ込ませるなど、生活費を使い込むケース。私も昔は「小遣いはゼロ」と言いながら、家計簿に「ママ費」という費目を作ってみたり、「ママ費」をなくして小遣いを本格的にゼロにしたつもりなのにママ友ランチ会に参加したり、服や化粧品を生活費から購入したり、さらにクレジットカード払いまで追加するなど、知らず知らずのうちに家計を圧迫していました。

今は小遣い制にして、お財布を常にふたつ（場合によっては特別費のお金の財布で3つ）持ち歩くようになったことで、生活費と小遣いの区別がしっかりつくようになりました。相談者様の中にも「夫がすぐに追加で小遣いを欲しがる」と言いながら、実は夫の小遣い以上に自分の支出の方が多い方もいるので、**小遣いと生活費の区別をつけることで改善できたというケースがたくさんあります。**

POINT

「小遣い」と「家計」の財布は分ける

「小遣い」の財布の役目

仕事で必要なランチ代や経費、自分の洋服、美容院、化粧品、数千円程度のちょっとした医療費くらいまでは自分の小遣いから払えるようにすると家計管理がラクに。

ちなみにあき家では小遣いから出した支出は家計簿にもつけないので、記入する内容も少なくなり家計簿の管理もラクになりました。

家計の財布の役割

家計の財布でやりくりするのは「食費」「日用品費」「娯楽費」「特別費」など、家族に関わる支出だけ。自分だけの支出を家計からは出さないようにします。

人によって調節して

小遣いをしっかりもらうことで、家計簿につけなくてもいいし、家計はラクになる反面、浪費も増える傾向が。浪費家タイプの方は、小遣いを少なめにして家計簿に支出の内容を書くなど、タイプによって金額と用途を調整するとやりやすいですよ。

トレーニング

20

財布の使い方を整えよう

＼やること／

財布の中身を全部出してみる

↓

本当に必要なものだけを入れる

↓

財布の中身をスッキリさせる

解説

財布の中身が整えば、家計も整う

家計の管理に意外と大切な役割を担うのは財布です。いらないレシートや使っていないカードや期限の切れている割引券などでお財布がパンパンに膨らんでいませんか？

お財布の中がゴチャゴチャしていると、お金の出入りまで不透明になりやすい傾向があります。一度中身をすべて出して、入れておくカードを厳選するなど、不必要なものが入っていない状態をキープしましょう。

お財布の中身を整理しよう

本格的な家計管理を始める前に、お財布の中もキレイに整理してみましょう。家計で使っているお財布、小遣いで使っているお財布……、いずれも中身を全部出して一度スッキリさせ、そこに必要なものだけを入れます。

本当によく使うポイントカードや免許証など、カード類は種類や枚数をできるだけ絞ります。お金は今日明日使う分だけ。お財布に入れないと決めたカード類は、すぐに捨てなくてもＯＫ。「いつか使うかも」と思うのなら、保管しておきましょう。

あきの場合は、お財布にクレジットカードも銀行のカードも入れていません。「カードで支払えばいいか」「足りないから銀行でおろそう」と、安易に考えられない状況を作るようにしているからです。**「お財布に入っている現金以上の金額のものは、今日は買えないもの」と考えることで、〝日々予算を守る〟という意識を保てるようになりました。**

レシートはしまう場所を決め、あちこちに入っていたり、お札を出す時にひらひらと落ちてしまったり、チャックに挟まってしまったりすることがないようにしています。**お金が上手に管理できる人は、お金にきちんと向き合える人。**お金を雑に扱うことのないように気をつけています。

POINT

「財布」の中身の整理方法

気付いた時に繰り返すだけで、いつもスッキリしたお財布をキープできるようになる5つの手順。

1 財布の中身を全部出す。
2 今日明日または1週間分など近いうちに必要なお金だけを入れる。
3 本当に必要なカードだけを入れる。
4 レシートを入れる場所を1ヵ所だけに決める。
5 定期的に中身を整理する。

レシートはお財布にためこまず、日々チェックをして不要なものは捨てます。家計管理に慣れないうちは、日々使った内容を確認するためにレシートは保管して、自分のお金の使い方のクセをチェックします。その場合も、お財布の中に入れっぱなしにせず、別のところに保管しましょう。

トレーニング

21

毎月の支出を定額にできるようになろう

＼やること／

現金でやりくりする
ひと月分の金額
（日々の生活費）を
確認する

↓

現金で支払うことが
決まっている金額を
差し引く

↓

残りの金額で
生活費をやりくり
できるようにする

？「現金で支払うことが決まっているもの」とは？

毎月、現金でやりくりする金額がわかるようになったら、家計管理がいよいよスタート！「その現金のうちいくらを使っていいかわからない……」という人は、最初に小遣いや習い事の月謝など「現金で払うことが決まっているお金」と、そうでないお金のふたつに分けてみましょう。分けることによって、使ってもいいお金がいくらなのかを明確にするのが目的です。

純粋に使えるお金を把握しよう

「特別費を除いて毎月だいたい同じくらいの金額で生活できたら苦労しないよ……」と思っている方はいませんか？　私も昔はそう思っていました。毎月あれやこれと支払いがたくさんあり、時には急な出費が重なって、家計はいつもメチャクチャ。でも、長い年月を経て、特別費は別として、毎月だいたい同じ金額で生活するというのは、それほど難しいことではないということに気がつきました。むしろ難しくしていたのは自分の考え方だったのです。

家計を自分で難しくしないために、まず持ち帰った現金は、「固定で支払うもの」を別によけるというクセをつけましょう。例えば現金15万円のうち、小遣いや習い事の月謝などはだいたい支払う金額が固定されていますよね？　そのような支払いがわかっているものは持ち帰った現金から初めによけてしまいます。そうすると残りはいくらになりますか？　ここで残った金額が1ヵ月間自分でやりくりをして調整する金額です。内訳はともかく、1ヵ月間この金額でやりくりさえできれば、予定どおりの家計にすることができるのです！

あきも月初めに、小遣いや習い事の月謝は持ち帰った現金からすぐに家計簿につけ、取り分けています。こうすることで、来週は月謝の支払いがあるのに生活費が足りなくならないかな？　と支払いにビクビクすることがなくなりましたし、生活に使える残金が明確にわかるようになりました。

POINT

ひと月に使える現金を「見える化」する

ここまでのトレーニングで、あなたはこれまでのように「いつの間にかお金がなくなった！」という状態がなぜ起こるのかがわかっているはず。あとは、手元にある現金で生活費をやりくりするだけです。さらに、現金を用途別に分類しておけば、いくら使えるかが実感できます。

（例）

毎月現金で持ち帰るお金　15万円

小遣い　夫 3万円

小遣い　妻 2万円

初めに取り分ける。

↓

残金10万円

これがひと月のやりくりに純粋に使える金額。

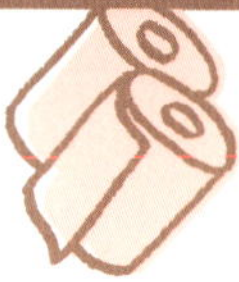

第3週のまとめ

家計で節約すべきは「生活費」と「特別費」

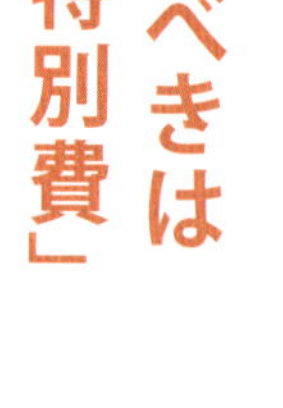

家計のやりくりは実はとてもシンプル。家計の支出は固定費、生活費（「変動費、流動費」ともいわれますが、私はこの言葉には馴染みがないので生活費と表現しています）、特別費の3つです。このうち、固定費は一度見直したらなかなか変更できない支出です。**家計の中でやりくりすべきは生活費（特に娯楽費）と特別費のふたつだけ。**まずは**固定費を見直して最小限になるよう検討してみましょう。あとは生活費と特別費を上手にコントロールして収入以上にならないようにするだけで、確実に貯金ができるようになります。**

毎月のお金の割り振りの基本は、**21**のトレーニングで確認した通りです。しかし、実際には、「クレジットカード払いの引き落とし」や「特

別費の支払い」があるので、毎月定額を引き出すだけではやりくりできない月も出てきます。そんな時には、以下の流れも追加して調整しましょう。

◇カードでの支払いの引き落としがある月
事前に取り分けたお金を引き落とし口座に入金する。
◇特別費がある月
予定される特別費の金額を特別費口座から引き出し、月の生活費に加算する。

ちなみに、あき家ではイレギュラー月が多いと混乱するので、できるだけクレジットカード払いはゼロにし、特別費は数ヵ月分をまとめて処理しています。こうすることで、イレギュラーを減らす工夫をしています。

コラム 3

自由に使えるお金の有効活用でお楽しみを

家計簿をつけ始める時に、特に注意していただきたいのは「娯楽費」と「特別費」の予算です。家計のお楽しみはこのふたつの支出にいくらを使うかにかかっていると言っても過言ではありません。

ただ、娯楽費に関しては、「浪費になりやすい支出」が集まる傾向があるので、やや控えめに。その分、特別費を増やして、旅行やレジャー、インテリア用品の買い替えなど家族が喜ぶことにお金を使えるようにすると、家計簿をつけることで家族も喜んでくれる家計になります。

残業代や臨時収入などで収入が多かった月でも娯楽費を含む月の家計の予算は増やさず、できる範囲で特別費を増やしてレジャーなどで家族に還元すると、満足度もアップしますよ。

一度家計のやりくり力がついてしまえば一生もの！ 早い人だと数週間、借金がある人でも2〜3年という時間をかけて家計をゆっくり育てていくと、見違えるような家計になっていきます。一度きりの人生を自分なりにとことん楽しめる家計を目指してみてくださいね！

第4週

家計簿を上手に利用する

「ズボラ家計管理」を身につけるために大切なツールが家計簿。
面倒と思いがちですが、毎日書くのは1行だけ。
簡単なのにお金が貯まる、そのシステムを理解し、
実践するトレーニングです。

トレーニング

22

「赤字になる理由」と「黒字になる理由」を考えてみよう

＼やること／

年間収入を書き出す

↓

年間支出を考える

↓

赤字と黒字の理由を明確にする

解説

家計簿を始める前に、黒字と赤字の仕組みについて考える

お金を貯める法則は、支出を収入以下におさめるという単純なことなのに、多くの方がつまずき、苦労しています。お金を貯められない人は、自分の収入がまずわかっていないから。長い人生におけるお金の設計には、常に収入以下になるように支出を選択するという視点が必要なのです。家計簿は単純につけるだけでは意味がありません。黒字への意識を持って家計簿を始められるように、まずは赤字と黒字について考えるのが今回のトレーニングです。

常に収入を意識して、赤字スパイラルから脱出

家計を黒字にするためにできることは、収入以下の支出におさめること。当たり前のことですが、今一度、収入と支出についてシンプルに考えてみましょう。家計を上手にやりくりするには、年間収入を計算するトレーニング（09）と、月収を意識するトレーニング（10）が特に大事です。**「お金がない」「どんぶり勘定で家計が破たん寸前」という方は、しつこいくらいにこのふたつを意識してほしいのです。**

かつてのあき家では子どもの習い事をひとつ追加する時も「やりたいと言っているのだから仕方ない」と安易に許していました。そして「仕方がない」「これはどうしても」を繰り返すうちに、月収に対して払わないといけないものがいつもパンパンで食費さえままならない、食費の足りない分はカード払いでしのぐ、カードの引き落としがくるとさらに家計は赤字に……。こうした赤字スパイラルに同じようにはまっている方からの相談は非常に多いです。

支出を追加する時には、月収と手取り年収を基準に考えることを常に忘れないでください。「支払う」→「やりくりはあとから考える」から、「やりくりを先に考える」→「支払うか否かを選択する」という思考パターンに変えましょう。節約名人の技を磨いて苦しい家計を切り盛りするのではなく、先にやりくりのイメージを固めるクセをつければ、適度にズボラでも貯まる状況になりますよ。

POINT

「一生もののやりくり力」をつける方法

「赤字」と「黒字」を見極められるようになるために、09の年間収入を計算するトレーニングと、10の月収を意識するトレーニングを復習しましょう。

（例）○手取り年収 432万円
　　　○月収 30万円

月収30万円を支出の基準にします。月単位の支出が30万円以上にならないよう支出を選択するのが「節約」です。
「今習い事を追加したら……」
「今学資保険を追加したら……」
「今ローンを追加したら……」
支出を増やしたら家計がどうなるのかを常に意識した選択をすることが大切！

注意！

子どもが小さいうちはどんぶり勘定でも貯金できたのに、子どもが大きくなるにつれ年々支出がつみ重なって、次第に家計が苦しくなるというパターンの人が多い。数年後のゆとりも考え、ちょっと支出が増えたらカツカツになるような選択を常にしないようにしましょう。反対に、貯蓄ばかりでお楽しみがない場合は、未来のために今を犠牲にしすぎず、今を楽しむ視点も取り入れて。

コツ

お金についての判断をする時は、収入以下の支出にできるような選択をするクセをつけましょう。

トレーニング 23

家計簿を使ってみよう

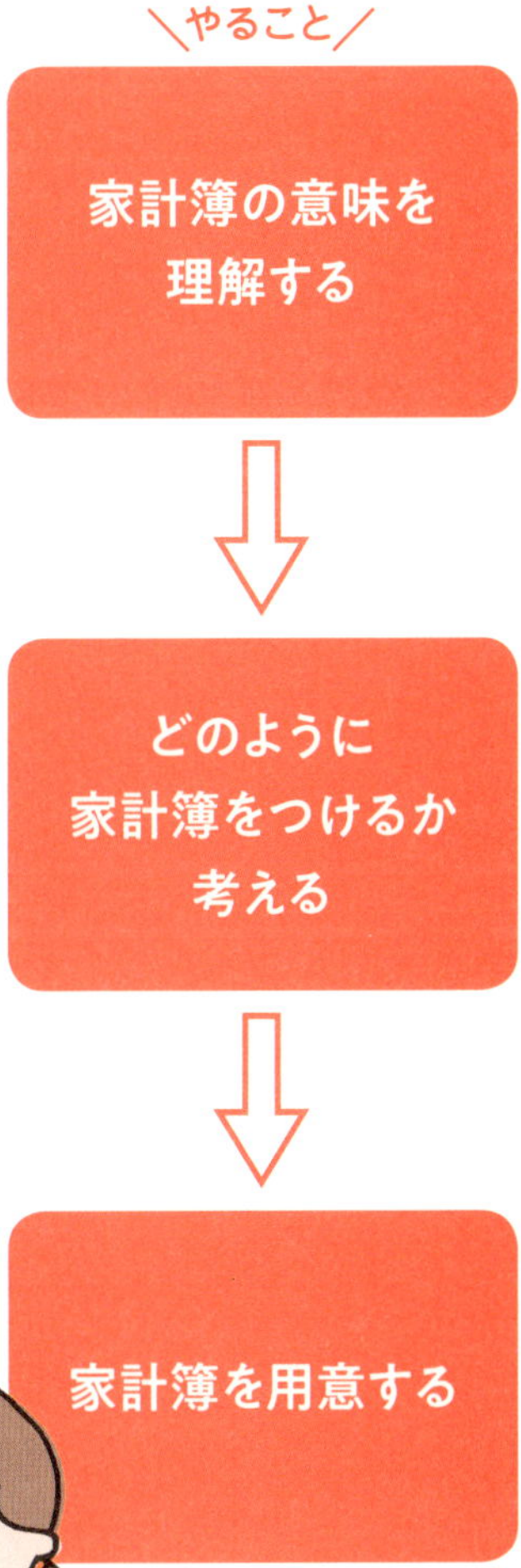
やること
家計簿の意味を理解する
どのように家計簿をつけるか考える
家計簿を用意する

解説

家計簿選びにもコツがある

「家計簿はどうしても苦手」「続けられない」という方も多いかもしれません。しかし、家計簿をつけると、より効果的に支出の選択をすることができるようになるので、つけないよりも貯金額がアップする傾向があります。特に挫折しがちな人は、簡単で負担が少なくて済む家計簿を選んでください。スマートフォンのアプリなどを利用するのもいいですが、ただつけるだけでは意味がありません。ここまでのトレーニングを管理できる内容のものを選ぶようにしましょう。

「家計簿をつけてもお金が貯まらない」は誤解です

「家計簿なんてつけても意味がない」と言われることがあります。残念ながらそのように言う方は「本当に効果の出る家計簿のつけ方」を知らないことが多いのです。**家計簿はつけているだけではただの記録帳。どれだけ長く続けてもただの記録帳では成果は出ません。**そこに戦略的な視点が加わった時に初めて「家計簿をつける意味」が生まれるのです。意味のある家計簿は一生お金に悩むことのない生活を送るための頼もしい味方。

月の家計簿の記入例

		娯楽費		特別費		支出計	カード利用	残高
容	金額	内容	金額	内容	金額			先月末残高
		カード□		カード□		8,000		
		カード□		カード□		3,000		
		カード□ ランチ	1,500	カード□		3,000		
		カード□		カード□		2,000		
		カード□		カード□		950		
		カード□		カード□ 美容院	6,000	6,000		
		カード□		カード□				

まずは支出分を書き込む練習から

あきも、かつては一向に赤字が改善されないまま10年以上家計簿をつけ続けていました。でも、ここまでのトレーニングでお話ししてきたことに気づき、それに基づいた家計簿のつけ方に変え、家計管理を始めたら、**それまでなかなか増えなかった貯蓄が2年間で350万円できたのです。**

この方法をブログで紹介したところ、「今までどれだけがんばっても赤字だった」「いくらお金を貯めても不安だった」「本当にこれでいいのか常に迷いがあった」と、長年家計簿をつけているのにお金に安心できなかったたくさんの方から「あきのズボラ家計簿のつけ方に変えただけでお金の悩みが消えた」とたくさんのお便りが届いています。

食費、日用品費と必要な費目を決めます

予算								
費目	食費		日用品費		パパおこづかい		教育費	
日付	内容	金額	内容	金額	内容	金額	内容	金額
1（月）	カード □ スーパー	2,000	カード □ ティッシュなど	1,000	カード □	5,000	カード □	
2（火）	カード □ 米	3,000	カード □		カード □		カード □	
3（水）	カード □ スーパー	1,500	カード □		カード □		カード □	
4（木）	カード □ 酒	2,000	カード □		カード □		カード □	
5（金）	カード □		カード □ ノート	150	カード □		カード □ 写真	800
6（土）	カード □		カード □		カード □		カード □	
7（日）	カード □							

食費は合計金額のみでOK。
ただし、お菓子など娯楽費が紛れていないかチェック

トレーニング

24

「費目」分けをしてみよう

＼やること／

家計簿の締め日を決める

↓

家計簿につける費目を決める

↓

支出の内容を費目ごとに分ける

解説

費目は少なく、支出の内容で分ける

家計簿で最も重要なのが費目を決めること。毎月の家計簿で管理する「食費」や「日用品費」といった基本費目の他に、どんな費目を作るのか、その費目にどんな支出を入れるのかを間違えると、家計の無駄を浮き彫りにすることはできません。特に「雑費」や「その他」という曖昧な費目はNG。迷った時に何でもそこに入れてしまい、何が無駄遣いだったのかがわからなくなり、結局は家計の改善につながりません。こうした支出は、あきの家計簿では「娯楽費」「特別費」として支出の性格を明確にしています。

ポイントは、「食費」「日用品費」には「なくてもいい支出」を入れないこと

家計簿を始める手順は**①締め日を決める（毎月1日スタート、月末締め、など約1ヵ月を区切りに自由に決めてOK）、②費目を決める（「食費」「日用品費」「娯楽費」「特別費」の4つを基本に、4〜7費目）、③家計簿の記入のスタート！**　となります。

特に実際に家計簿をつける時に一番迷うのが「費目分け」です。「この支出は何費（費目）に入れようかな」と迷ったことはありませんか？　**あきの家計簿のように費目の性質を明確にすると、迷うことがありません。迷ったときは03と05のトレーニングを思い出してみましょう。**

あきの家計簿の特徴は、「食費」「日用品費」には、生活に必要な支出だけを記すこと。カフェ代や自動販売機のジュースや外食は「食費」ではなく「娯楽費」にします。100円均一ショップで購入した雑貨も「日用品費」ではなく「娯楽費」にします。「雑費」や「その他」という費目は存在しません。「わからないものは雑費やその他に入れてお

けばいいや……」という分け方をすると、家計の改善点が見えなくなってしまいます。

「娯楽費」と「特別費」のどちらに入れるか迷ったら、**特別費ではないものは娯楽費と考え、支払いサイクルや金額で判断しましょう。**最初はあれこれと考えず、ただありのままにつけることから始めてください。「お小遣い」という費目で一度記入したら、そのお金を何に使ったかの内訳を書く必要はないので、小遣いとの切り分けもできるようになると、費目分けに迷うことも少なくなりますよ。

POINT

月の家計簿の費目

○食費
日々の生活に必要な食材費のみ。お菓子代は「なくても生活できる」ので「娯楽費」に仕分けます。

○日用品費
トイレットペーパーや洗剤、宅急便代、日々の生活で家族で使う日用品代。化粧品は「個人の小遣い」から購入する。

○娯楽費
外食費、交際費、雑貨代、ちょっとしたレジャー代など、比較的少額で月単位である支出。

○特別費
旅行代、車検代、美容院代、冠婚葬祭費用、衣類代、誕生日プレゼント代など、比較的高額で年単位で考える支出。

○その他、作ってもいい費目
習い事費、教育費、ペット費、小遣いなど。

○作ってはいけない費目
外食費、交際費、雑費、交通費、趣味費、子供費など、本当に必要なものとそうでないものが混在してしまう支出。

トレーニング

25

クレジットカードの支払いは現金払い扱いにしよう

＼やること／

クレジットカードで支払ったら、その分の現金を取り分ける

↓

現金支出と同じように家計簿に記入する

↓

お金の動きを「見える化」して使いすぎを防止する

コツ

カード払いの「見えないお金」をどう扱う？

家計簿をつける時に、扱いに困るのがクレジットカードでの支払いなど目に見えないお金の扱い方です。特にクレジットカードでの支払いは、**18**のトレーニングでもお伝えしたように、別枠にしてしまうと家計の予定が狂ってしまいます。

はじめの2ヵ月間はクレジットカードを使ったショッピングはできれば封印。どうしてもの時は現金を取り分け現金払い扱いにするなど、扱い方のルールを決め、見えないお金を「見える化」する工夫をしましょう。

見えないお金の扱い方のルールを決めよう

クレジットカードはとても便利な反面、お金を使っている実感がなくつい使いすぎてしまう怖いものでもあります。私も昔はクレジットカードの支払いが多く、給料が入ると同時にクレジットカードの引き落としで現金が減り、少なくなった現金では生活ができず、さらに赤字が累積するという悪循環になっていたことがあります。

カード払いによる悪循環を断ち切るために、ショッピングでのクレジットカード利用を2ヵ月間だけ封印することをおすすめします。 2ヵ月間使わないようにすると、手元に現金が残るようになってきます。一度ややこしくなった家計を2ヵ月かけて完全にリセットしましょう。その後は少しずつクレジットカードの利用を再開してもかまいません。ただし、クレジットカードを利用する時には使った金額をお財布から現金で取り分け保管しておき、引き落とし時に口座に戻すようにしてください。

クレジットカードの利用が多い場合は、都度取り分けるのではなく、家計簿に利用金額を記し、月末などに合計して一気に取り分けてもかまいません。「いちいち現金を取り分けるなんて面倒……」と思うこともありますよね。でも、この**現金取り分け法を使うことで、毎月赤字で深刻だった家計が劇的に改善した！　という報告がたくさん届いています。**本気で家計を何とかしたい時には積極的に取り入れてみてください。

POINT

家計管理が苦手な人の
クレジットカードとの付き合い方

クレジットカードの支払いに現金を回し、買い物はまたクレジットカードで……という自転車操業に陥っている人は、一旦、2ヵ月間ほどショッピングでのクレジットカード利用を封印してみましょう。一度支払い明細がキレイになってからクレジットカードの利用を再開すると家計改善のスピードがアップしますよ。

○家計簿につける時は？

1　利用額を家計簿につける
2　利用額をお財布から抜き封筒などに保管
3　引き落とし時に口座に入金
（すでに支出として家計簿に記しているので、引き落とし時には何も書かない）

※端数が入金できない時はだいたいの金額でもOK。その金額を入金し、残高の計算が合わなくてもあまり気にする必要はありません。

トレーニング 26

家計簿を続けられるコツをみつけよう

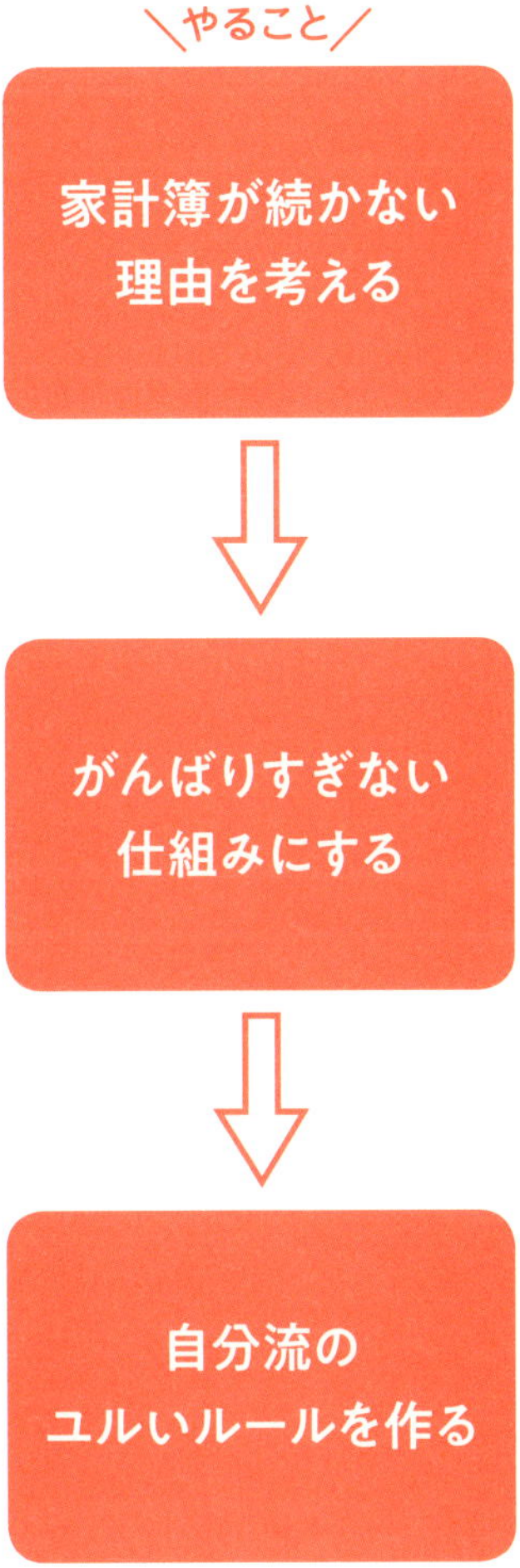
＼やること／
家計簿が続かない理由を考える
がんばりすぎない仕組みにする
自分流のユルいルールを作る

コツ　いい加減につけるくらいが長続きする

家計簿を始めたばかりの人の最初の挫折ポイントは「がんばりすぎてしまう」ことです。1円単位まできっちり残高を合わせようとしたり、過度に装飾してキレイに書こうとしすぎてしまったり、いきなり結果を出そうとしたり……。

初めのうちは残高が合わなくても気にしないくらいのいい加減さを残した家計管理を続けるほうが長続きします。家計管理の道は1日にしてならず。ズボラでも時間をかけてゆっくりレベルアップできる仕組みを整えていきましょう！

ズボラでも続く仕組みを取り入れる

家計簿は、完全に家計管理をマスターしたら卒業できますが、それまでは長く続けるほど効果が出ます。**長く続けるコツはたったひとつ。「がんばりすぎない」ことです。**毎日ではなく週に2~3回程度記入する、残高が合わなくても気にせずに進める、また、改善点が見えてきても自分を責めないなど、**ユルい気持ちで取り組めば、挫折することもありません。**急激なダイエットが大きなリバウンドを引き起こすように、家計管理も無理をせず時間をかけてゆっくりと取り組む心の余裕が大切です。

15年以上家計簿をつけている私も、家計簿は週に2~3回。時には不明金も出ますし、残高が合わないこともあります。そんな時は無理やり残高を合わせたりしてごまかします。家計簿は税務署に提出する帳簿ではないのですから、**多少ズルをしたところで罰せられることはありません。気楽な気持ちで取り組みましょう。**

よくあるのは、家計簿をつけることで自分の浪費に初めて向きあい、「私はなんてダメなんだ……」と落ち込んでしまうケース。自責の念から現実を直視できなくなって挫折する方もいます。そこをグッとがまんして続けると、次第に家計は改善し始め、良いサイクルに生まれ変わります。結果が出るようになると家計簿が楽しくなってきますよ。借金に追われ、家賃さえ払い遅れる生活から、お金に振り回されず、安心して過ごせる生活を手に入れた方もたくさんいます。とにかく続けることを優先しましょう。

POINT

家計簿は程よく手を抜くのがコツ！

「とにかく面倒だし、数字も苦手」「どうしても家計簿を続けられない」という人は、最初のうちは無理をせず、できることから始めましょう。そんな人でも無駄を浮き彫りにできるのがあきの家計簿です。以下のようなズボラルールでもOK。まずはつけることから始めましょう。がんばりすぎなくても続けられる仕組みにしておくと長続きします。

[あきの家計簿・ズボラルール]

○最初のうちは残高が合わなくてもOK!（残高が合わない時は、無理やり合わせてもOK!）

○毎日つけなくてもOK!

○数日分をまとめて1日分にしてつけてもOK!

○面倒なら端数を繰り上げて、だいたいで書いてもOK!

○数字が苦手なら毎日の計算はしなくてOK!（月末にまとめて計算）

○サボってしまった月があっても、その月は未記入にして、また翌月から再開すればOK!（ためているレシート分を全部つけようとしない）

トレーニング 27

年間の家計簿を作ってみよう

＼やること／

年間の家計簿の費目を決める

↓

1ヵ月の集計を行う

↓

年間の家計簿を記入する

解説

住宅費や水道光熱費などは年間家計簿で管理

毎月の家計簿を1ヵ月つけ終わったら、次は年間の家計簿でひと月の収支の集計を行いましょう。サボってしまった月は、銀行残高の推移だけ記入し、翌月から再開でOK！ 1年分の集計が終わると、1年間の家計の流れが見えるようになり、翌年からの予算の参考にすることもできます。1円単位まで狂いなくつけ続けることを重視するのではなく、ざっくりこれくらいとわかるようになればよいというくらいの気持ちで続けましょう。

年間の家計簿をつけてみよう

あきの家計簿は毎月の家計簿と年間の家計簿のふたつに分けて収支を把握していきます。毎月の家計簿では主に現金でのやりくりを、年間の家計簿では主に銀行口座でのやりくりを記入します。1ヵ月間毎月の家計簿をつけ終わったら、年間の家計簿で集計。今月が赤字か黒字かの集計を行います。1ヵ月に記入するのは1列だけなので、記入量も少なく済ませられます。

特に重要なのは、下段にある銀行残高を記入する欄です。サボってしまった月があっても、銀行残高だけ記入していけば、その月が赤字か黒字かはだいたい把握することができます。**家計簿をつけるのがどうしても苦手で続かない方は、この銀行残高だけを月に1回記入するだけでも家計のことが少しずつわかるようになりますよ！** 月に1回、基準日を決め、その日に近い残高を記入しましょう。これを続けると、月に1回は記帳をする習慣も身につくので、お金が貯められない習慣の矯正にも役立ちます。

年間の家計簿の記入例

		項目	4月	5月
収入（手取り）		パパ給与	250,000	250,000
		ママ給与	30,000	30,000
		手当		
		その他		
		合計 Ⓐ	280,000	280,000
支出	口座引き落とし	住宅ローン	80,000	80,000
		管理費	15,000	15,000
		電気	6,000	6,000
		ガス	5,000	5,000
		水道	8,000	—
		生命保険	20,000	20,000
		幼稚園	20,000	20,000
		小学校	5,000	5,000
		カード払い	20,000	20,000
		生協	20,000	20,000
		特別費	—	39,500（自動車税）
		合計 Ⓑ	199,000	230,500
	現金支出 Ⓒ		120,000	120,000
	支出合計 Ⓑ＋Ⓒ＝Ⓓ		319,000	350,500
収支 Ⓐ－Ⓓ			-39,000	-70,500
預金金額		A銀行	300,000	229,500
		B銀行	200,000	200,000
		C銀行	50,000	50,000
		定期預金	1,000,000	1,000,000
		現金残高	50,000	50,000
		総額	1,600,000	1,529,500

児童手当など

臨時収入など

特別費は現金払いとは別に、口座引き落としされる場合は入金しておきます

その月の家計の収支です

貯める専用の口座

引き落とし専用の口座。
5月の赤字がそのまま反映されています

トレーニング

28

「特別費」の年間予算表を作ってみよう

＼やること／

年間の特別費の枠を確認する

↓

特別費の予定を書き出す

↓

特別費年間予算表を作成する

解説

月の家計をデコボコさせる支出「特別費」を管理しましょう

特別費は家計の中でも一番管理が難しい支出。月の家計をデコボコさせる支出を特別費に集約して、月の家計を定額にしやすい状況がキープできるよう、特別費の年間予算表も作成してみましょう。

最初の1年はざっくりした計画で充分です。2年目以降に少しずつ完成させることを目標にしてください。特別費予算表は1年のうちに予定が変わることも多々あること。年間で決めた枠の中に収まれば予定変更もOKです！

特別費年間予算表で家計が変わる！

16のトレーニングで**年間で使える特別費の枠をざっくりと決め、月ごとに使える特別費を割り振っておくと、ちょっとしたことで揺らぐことのない骨太な家計を作ることができます。**ただし、家計管理が苦手な方にとって、特別費予算表を作ることは難しいかと思います。ですから、いきなり完璧なものを作ろうとするのではなく、1年くらいかけてゆっくり完成させていくつもりで進めましょう。

ちなみに家計簿歴15年以上になるあき家

特別費年間予算表の記入例

税金など年払いの固定費

その他	予算合計	実質合計	累積合計
	48,000		
自動車税 40,000	78,000		
固定資産税 100,000	112,000		

実際に使った金額を入れて予算オーバーになっていないかチェック

1ヵ月に使える特別費の合計

の場合は、七五三のお祝いや、入学時の制服購入など「その年だけ」の支出を追加したり、収入やその他の支出に合わせて金額を調整したりということは年に1回行いますが、この特別費予算表はほとんど毎年同じものを使いまわしています。作成の時間もかかりません。**年間で使う特別費があらかじめわかるようになると、あとは毎月予定通りにお金を使えばいいだけ。**予定通りに全額使い切れると家計の満足度もグンとアップ！　肝心な時にお金を出し渋ったり、大きな出費の度に不安になったりすることもありません。家族で海外旅行をする予算も確保できますよ。家計簿が、あなたのお金の心配を消しさってくれます。

自分流の費目を決める

費目／月	美容院費	積立	イベント費	レジャー費	家具 インテリア費
4　月	パパ 2,000 ママ 6,000	冠婚葬祭・ 医療封筒積立 30,000	歯医者 5,000		積立 5,000
5　月	子ども 1,000		母の日 7,000	GWレジャー 25,000	積立 5,000
6　月			父の日 7,000		積立 5,000

第4週のまとめ

家計簿で「毎月生活費と特別費がいくら以下になるようにできたか」をチェックする

「あの時200円のナスを買ったのが無駄遣いだった……」なんて、小さな支出にとらわれる家計簿は、時間の無駄になることが多いので、クヨクヨ考えないようにしましょう。

もちろん、最初のうちは「何が無駄で、何が無駄でなかったのか」をしっかり把握するために、レシートの明細を見直すことは大切です。でもそれは初心者のうちだけで充分。だいたいわかってきたら、あとは生活費と特別費が予定通りに収まっていれば、予定通りの貯金ができると考えるだけのズボラな感覚でも、家計は充分管理できます。

私も昔は「毎月決まった金額でやりくりするなんて無理！」と思ったことが何度もありました。急に家電製品が壊れてしまう場合もあるし、夫から「新しいスーツが欲しい」と言われることもあり、「決まった金

額でやりくりできない！　うちはデコボコ家計なんだから」とあきらめていました。でもそれは、支出のサイクルをきちんと把握していなかったから。家電の買い替えや夫の洋服代は「特別費」として考えます。**この特別費を生活費とごっちゃにして考えているうちは、家計は安定しません。**

特別費は年間の家計簿で管理し、月々の生活費として「今月使えるお金の上限」を把握し、守るところからスタートしましょう。いずれ家計にゆとりができたら、すべての支払いを含めて考えられるようになればいいというくらいにゆったり構えるところから家計管理を始めると、「焦るあまりに赤字が拡大！」「家計が複雑すぎる！」なんてことになるのを防ぐことができます。

ただし、「特別費を除いて考えても、入金する金額が毎月バラバラです……」という方は要注意！　家計のやりくりが、かなり複雑になってしまっている可能性があります。収入に対して、入金しなくてはいけないお金が多すぎる場合も、引き落とされるお金を少しでも減らせないか見直しが必要な家計と言えます。

コラム
4

家計簿をつける時のチェックポイント!

家計簿をつけている時、どのようなことに注意していますか? あきの場合は、まず今月使えるお金をチェック。固定費＋生活費の月の支出は毎月定額なので毎月同じ。そこに今月の特別費を加算した金額が「今月使っていい金額の上限」です。

あきが毎月家計簿をつけながら考えるのは、「今月の支出は、この使っていいお金の上限以下の金額にできているかな?」ということだけ。それさえできれば、1年後には予定通りの貯金が確実にできるということだからです。がんばって節約名人になって「日々100円でも支出を減らさなくては……」なんて考えるより、「毎月上限までは全部使ってもいい!」と考えると、気持ちがラクになりました。

家計簿をつける時に特に気をつけているのが「食費」「日用品費」「娯楽費」「特別費」の4つの支出(カード払いを含む)。費目分けのルールさえしっかりできていれば、支出をそのまま書くだけで終わりです。いつもより多くなっても少なくなっても気にしません。年間で収支のバランスを見ることができるようになっているからです。

あきのズボラ家計簿なら、全部の支出をくまなく見渡す必要はナシ。気になるところだけさっと確認すれば済むので時間もかかりません。「今月は何にお金を使おうかな?」と考えると、家計簿をつけるのがワクワクしてきます。

ここまでで、気づかなかった
お金の使いグセを知って修正をし、
家計簿の記入方法についてなんとなく
わかってきたら、もう安心。
あとは実行・継続のみ！

そしてゴール！

トレーニング29

ズボラさんでも、先が見えれば不安はなくなる！

「きちんと予定を立てて家計をやりくりするなんて、全然ズボラじゃない！」という方もいますが、お金のことで不安になるのは、先が見えないから。先が見えれば怖くない！　心配もナシ！　大まかにでも準備さえしていれば、多少手抜きをしてもいい仕組みをキープすることができるのです。

ズボラ家計管理の仕組みをキープできると、お金だけでなく時間も貯まります。空いた時間に収入アップのために資格の勉強をしたり、副業を始める準備をしたりするなど、収入の見直しまでできるようになると、家計改善は加速していきますよ。

家計を黒字化するための最終チェック！

おさらい

□ **1日に使える「食費・日用品費」の大体のお金はいくら？**
わからないときは04のトレーニングを復習
1日（または数日間）に使えるお金の分だけお財布に入れよう！

□ **年間の手取り収入はいくら？**
わからないときは09のトレーニングを復習

□ **毎月いくらを使う？**
わからないときは13のトレーニングを復習

□ **「貯金」と「特別費」に使えるお金はいくら？**
わからないときは14のトレーニングを復習

□ **「貯金」と「特別費」にいくらずつ配分する？**
わからないときは16のトレーニングを復習
予定通りの貯金額にできるように家計簿をつけると成功率100％の家計に！

※これでも黒字にならない時は、収入が増やせる方法はないか考えたり、固定費を見直したりして黒字に調整できないか考えてみましょう。

ゴール
30

メリハリ家計でストレスなし！〝生きたお金〟の使い方をしましょう

家計管理とは本来、いかにお金を使わないかを考えるのではなく、いかにお金を使うかを考えるもの。ゲームオーバー寸前のところで、なんとか貯金をするのではなく、負担なくスムーズに貯金できる状況を作りましょう。収入に合わせた支出を常に選択していけば、収入の多い少ないにかかわらず、旅行などのお楽しみにもお金をしっかり確保できます。

「なんとなくお金がなくなる家計」から、締めるところは締め、使うとこ

ろではしっかり使う「メリハリ家計」へ。がまんばかりの生活から、家族の夢を叶える家計に。たとえ使えるお金が少なくても、欲しいものを全部あきらめるのではなく、ひとつだけ購入するなど、数や金額を絞るなどして工夫してみましょう。**貯めるだけでなく、使うことにも積極的になると、家計はどんどん潤います。**

収入が少なくても旅行の費用を確保しながら貯金をしている方、年金生活でもご主人の趣味であるゴルフの費用だけは削らないという方、子どもの進学をあきらめる覚悟をしていたのに学費の工面に成功し子どもの夢を後押しできた方……。家計管理に成功した方々を見ていると、お金の使い方はまさに生き方であると感じます。

何にお金を使ったかの記録は、あなたがどのように生きてきたか、どのように生きたいのかの証《あかし》なのです。もちろん、お金だけが人生ではないけれど、どうせなら「同じお金でも使い方が違う！」と言われるような、メリハリ家計でお金ストレスのない生活を送ってみませんか。

あき

子ども3人、5人家族。家計簿歴10年以上なのに貯められなかった主婦が一転。1日1行つけるだけの家計簿に変えただけで、わずか2年で350万円の資産を作ることに成功。このオリジナル家計簿のコツを紹介した「2年間で350万円貯めた！ズボラ主婦の節約家計簿管理ブログ」は、読者からの問い合わせが絶えない人気ブログに。「ケチケチ節約術」を卒業して、欲しいものやしたいことをあきらめない、生活の質を上げる節約術を実践中。著書に『1日1行！ 2年で350万貯めた あきのズボラ家計簿』（KKベストセラーズ）、『あきのズボラ家計管理』（実業之日本社）、『1日1行書くだけでお金が貯まる！「ズボラ家計簿」練習帖』（講談社）がある。

装丁・デザイン　山原 望

イラスト　tanakasaki

1日《にち》1ステップ実行《じっこう》するうちにお金《かね》が貯《た》まる！

「ズボラ家《か》計《けい》管《かん》理《り》」トレーニング

2019年3月12日　第1刷発行

著　者　あき
発行者　渡瀬昌彦
発行所　株式会社 講談社
〒112-8001 東京都文京区音羽 2-12-2
電　話　販売 TEL 03-5395-3606　業務 TEL 03-5395-3615
編　集　株式会社 講談社エディトリアル
代　表　堺 公江
〒112-0013 東京都文京区音羽 1-17-18　護国寺SIAビル6F
電　話　編集部 TEL 03-5319-2171

印刷所　大日本印刷株式会社
製本所　株式会社国宝社

定価はカバーに表示してあります。

本書のコピー、スキャン、デジタル化等の無断複製は著作権法上での例外を除き、禁じられております。本書を代行業者等の第三者に依頼してスキャンやデジタル化することはたとえ個人や家庭内の利用でも著作権法違反です。

落丁本・乱丁本は購入書店名を明記のうえ、小社業務宛にお送りください。送料小社負担にてお取換えいたします。なお、この本についてのお問い合わせは、講談社エディトリアル宛にお願いいたします。

©Aki 2019, Printed in Japan　ISBN978-4-06-514737-5